小天才学 Python
（教学指导）

主　编　朱　慧　刘　鹏　刘思成
副主编　张亚辉　杨　爽　高　莹
　　　　王　琳

清华大学出版社
北　京

内 容 简 介

本书是与《小天才学 Python》配套使用的教学指导用书。本书通过一个个活泼有趣的任务（如做数学、做判断、做游戏，甚至大数据和人工智能），由浅入深的案例引导、问题分析，激发学生学习 Python 编程的兴趣，体现中小学信息技术课程教学思想。

本书共 13 课，每课从教学目标和教学要求、学习内容、教学重点和难点、课时建议、相关的学习资料和练习等方面指导学生需要掌握的内容。本书通过对不同问题的循序渐进的启发引导与过程分析，逐步对学生渗透编程思想，培养学生的逻辑思维和解决问题的能力。

本书适合小学二年级以上的小朋友们学习，如果家长和小朋友一起学就更棒了。本书既适合作为小学信息技术课程的教材之一，也适合作为小学人工智能编程教育的基础教材。

本书封面贴有清华大学出版社防伪标签，无标签者不得销售。
版权所有，侵权必究。侵权举报电话：010-62782989 13701121933

图书在版编目（CIP）数据

小天才学 Python：教学指导 / 朱慧等编著. —北京：清华大学出版社，2019
ISBN 978-7-302-52217-1

I.①小… II.①朱… III.①软件工具－程序设计－小学－教学参考资料 IV.① G624.581

中国版本图书馆 CIP 数据核字（2019）第 017259 号

责任编辑：贾小红
封面设计：魏润滋
版式设计：王凤杰
责任校对：马军令
责任印制：丛怀宇

出版发行：清华大学出版社
 网　　址：http://www.tup.com.cn，http://www.wqbook.com
 地　　址：北京清华大学学研大厦 A 座　　邮　　编：100084
 社 总 机：010-62770175　　邮　　购：010-62786544
 投稿与读者服务：010-62776969，c-service@tup.tsinghua.edu.cn
 质 量 反 馈：010-62772015，zhiliang@tup.tsinghua.edu.cn
印 刷 者：北京鑫丰华彩印有限公司
装 订 者：三河市溧源装订厂
经　　销：全国新华书店
开　　本：170mm×230mm　　印　张：8　　字　数：125 千字
版　　次：2019 年 2 月第 1 版　　印　次：2019 年 2 月第 1 次印刷
定　　价：42.00 元

产品编号：082060-01

前言

　　这是一本与《小天才学Python》配套使用的学习指导编程书。编程可以训练学生们的逻辑思维能力，培养学生的科技能力，用理性的思维方式表达自我。编程将成为学生最重要的技能之一，将给学生带来更大的成就感，使学生成为一个更有能力的人。

　　2017年，国务院印发了《新一代人工智能发展规划》，教育部印发《义务教育小学科学课程标准》《普通高中信息技术课程方案和课程标准（2017年版）》《中小学综合实践活动课程指导纲要》。2018年，已经有省市率先将编程列入高考。很快，编程课程将全面进入中小学课堂。

　　可能会有一些老师问：为什么在小学选用Python语言？实际上《小天才学Python》编程用书已经给出了满意的答案，Python语言是当今最流行的编程语言之一，它简单易学，便于理解。本书通过一个个活泼有趣的任务，由浅入深的案例引导、问题分析，极大地激发了学生学习Python编程的兴趣，很好地体现了中小学信息技术课程教学理念。

　　本书在写作过程中，一边实验一边研究，部分内容已经由中小学编程教育名师朱慧老师组织在北京西城区10所小学开展了一学期的实验教学，取得了非常大的成功，同学们都很兴奋！

　　现在，让我们开始神奇的编程之旅吧！

撰写人　朱慧

当你学会编程，
你会开始思考世界上的所有过程。

——少儿编程之父　米切尔·雷斯尼克

目录

第 1 课　认识 Python ··· 1
　一、教学目标和教学要求 ································· 1
　二、教材内容分析 ··· 1
　三、教学重点和难点 ··· 6
　四、教学建议 ·· 7
　五、本课相关资料介绍 ····································· 8
　六、练习题 ··· 8

第 2 课　海龟画图 ··· 9
　一、教学目标和教学要求 ································· 9
　二、教材内容分析 ··· 9
　三、教学重点和难点 ······································· 10
　四、教学建议 ·· 11
　五、本课相关资料介绍 ··································· 12

第 3 课　做数学 ·· 15
　一、教学目标和教学要求 ······························· 15
　二、教材内容分析 ··· 15
　三、教学重点和难点 ······································· 16
　四、教学建议 ·· 17
　五、关于练习 ·· 23
　六、本课相关资料介绍 ··································· 25

第 4 课　画彩色图 ·· 27
　一、教学目标和教学要求 ······························· 27
　二、教材内容分析 ··· 27
　三、教学重点和难点 ······································· 28
　四、教学建议 ·· 28

五、关于练习 …………………………………………… 34
六、本课相关资料介绍 ………………………………… 35

第5课　做判断 …………………………………………… **37**
一、教学目标和教学要求 ……………………………… 37
二、教材内容分析 ……………………………………… 37
三、教学重点和难点 …………………………………… 38
四、教学建议 …………………………………………… 38
五、关于练习 …………………………………………… 46
六、本课相关资料介绍 ………………………………… 49

第6课　循环往复 …………………………………………… **50**
一、教学目标和教学要求 ……………………………… 50
二、教学重点和难点 …………………………………… 50
三、教材内容分析与教学建议 ………………………… 50
四、本课相关资料介绍 ………………………………… 55

第7课　电报 ………………………………………………… **57**
一、教学目标和教学要求 ……………………………… 57
二、教学重点和难点 …………………………………… 57
三、教材内容分析与教学建议 ………………………… 57
四、本课相关资料介绍 ………………………………… 61

第8课　画笔 ………………………………………………… **63**
一、教学目标和教学要求 ……………………………… 63
二、教学重点和难点 …………………………………… 63
三、教材内容分析与教学建议 ………………………… 63
四、本课相关资料介绍 ………………………………… 67

第9课　调色板 ……………………………………………… **68**
一、教学目标和教学要求 ……………………………… 68
二、教材内容分析 ……………………………………… 68
三、教学重点和难点 …………………………………… 69
四、教学建议 …………………………………………… 69

五、关于练习 …………………………………………… 77
  六、本课相关资料介绍 …………………………………… 77

第10课 弹球 ……………………………………………… **79**
  一、教学目标和教学要求 ………………………………… 79
  二、教材内容分析 ………………………………………… 79
  三、教学重点和难点 ……………………………………… 80
  四、教学建议 ……………………………………………… 80
  五、关于练习 ……………………………………………… 87
  六、本课相关资料介绍 …………………………………… 89

第11课 缤纷色彩 …………………………………………… **91**
  一、教学目标和教学要求 ………………………………… 91
  二、教材内容分析 ………………………………………… 91
  三、教学重点和难点 ……………………………………… 92
  四、教学建议 ……………………………………………… 92
  五、关于练习 ……………………………………………… 100

第12课 大数据 …………………………………………… **105**
  一、教学目标和教学要求 ………………………………… 105
  二、教材内容分析 ………………………………………… 105
  三、教学重点和难点 ……………………………………… 107
  四、教学建议 ……………………………………………… 107

第13课 人工智能 …………………………………………… **113**
  一、教学目标和教学要求 ………………………………… 113
  二、教材内容分析 ………………………………………… 113
  三、教学重点和难点 ……………………………………… 114
  四、教学建议 ……………………………………………… 114

第1课 认识Python

一、教学目标和教学要求

（1）了解Python是什么。
（2）掌握安装Python软件的方法。
（3）了解Python编程环境。
（4）能独立编写、调试Python程序。
（5）感受Python功能的强大，激发学生学习兴趣。

二、教材内容分析

本课共分为3个部分，用一课时进行教学。
教学课时： 一课时
教学内容：
第1部分，Python是什么，了解Python基本功能及相关概念。
第2部分，掌握安装Python软件的方法。
第3部分，了解Python编程环境，学会编写第一个Python程序。
具体教学内容分析：
第1部分，分两个层次解决学生开始学习Python编程的困难。首先,要让学生知道 Python 表达的意思是什么? Python 的意思是大蟒蛇。为什么叫大蟒蛇呢? 在 20 世纪 80 年代,有一部著名电视剧叫 *Monty Python's Flying Circus*(《巨蟒剧团之飞翔的马戏团》),而 Python 的创始人为 Guido van Rossum,他非常喜欢这部电视剧。1989 年圣诞节期间,Guido 为了打发圣诞节的无趣,决心开发一个新的计算机编程语言,所以就用 Python 作为这门新语言的名字。

Python 是一门功能十分强大的面向对象编程语言,它易于理解和扩展,并且使用起来非常方便。Python 作为一种开放源码的软件,它可以自由获取,而且易学易用。实际上,其他语言能做到的事情,Python 几乎都能做到。Python 甚至能够把各种语言做成的库粘在一起,以发挥更大的作用,所以还被称为"胶水语言"。它学起来比大多数语言要容易得多。

其次,教师通过事先编制好的不同类型的 Python 程序范例(可以是范例也可以是微课等内容),让学生亲自体验或上机实践,体会并感受到 Python 语言功能的强大,激发学生的学习兴趣。

第 2 部分,安装 Python 软件的方法。首先,我们把 Python 软件下载到自己的计算机上。在计算机浏览器里输入下载地址:http://www.cstor.cn/Python/PythonStudy.rar 并按 Enter 键,下载这个文件到计算机保存起来并解压缩,生成 PythonStudy 目录。以后所有编写的 Python 程序文件请保存到这个目录中。然后,请双击 PythonStudy 目录下"Python 安装包"子目录下的 Python-3.6.4-md64.exe 文件,会自动安装好 Python 3.6.4 版本以及本书会用到的所有依赖包。这时会出现如图 1-1 所示的界面。

图 1-1 安装 Python 出现的画面

选中图 1-1 下方的 Add Python 3.6 to PATH 复选框，然后选择中间的 Install Now 选项，这时就开始安装，如图 1-2 所示。

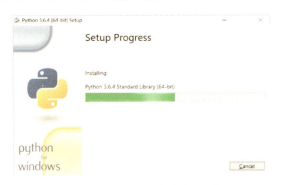

图 1-2　Python 安装的过程

安装好之后，出现如图 1-3 所示的界面。这时单击 Close 按钮，这样就安装完成了。

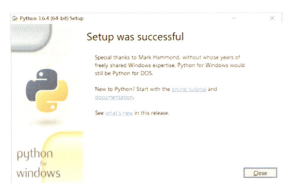

图 1-3　Python 安装完成的界面

等 Python 软件安装好之后，再安装本书所需要用到的其他软件包。请双击 PythonStudy 目录下"Python 安装"子目录下的 install.bat 文件，系统会自动安装好本书会用到的所有依赖包。

实际上，安装 Python 程序的方法和我们以往安装 Office 办公软件的方法基本一样。

第 3 部分，了解 Python 编程环境，尝试编写"我的第一个 Python 程序"。

首先，单击屏幕左下角的 Windows 标志，选择"所有程序"菜单的 Python 3.6 中的第一项 IDLE (Python 3.6 64-bit)。进入编程环境，如图 1-4 所示。

图 1-4　启动 IDLE

IDLE 是 Python 自带的程序编辑器。打开之后出现如图 1-5 所示的界面，这个界面叫 Shell。Shell 是外壳的意思，指给用户的操作界面。

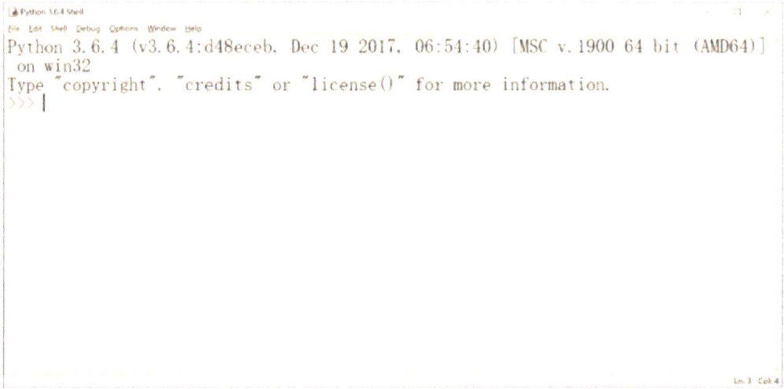

图 1-5　IDLE Shell 界面

进入 Python 编程环境后，选择 File 菜单，在下拉菜单中选择第一项 New File 命令，如图 1-6 所示。然后，在出示的新界面中输入程序代码，如图 1-7 所示。

第1课 认识Python

图1-6 在IDLE中新建Python程序文件

图1-7 输入Python程序代码

代码输入后，选择Run菜单中的Run Module F5命令，返回到程序运行窗口界面，如图1-8所示。

图1-8 运行Python代码

5

运行之后选择"File（文件）"菜单的"Save（保存）"，如图1-9所示。

图1-9　保存Python代码

梳理一下编写Python程序的步骤如下。

（1）进入Python编程环境。

（2）选择File菜单中的New File命令，进入编辑窗口，输入程序命令。

（3）在程序编写之后，选择Run菜单中的Run Module F5命令，返回到程序运行窗口，验证程序是否正确（若有错误，回到编辑窗口进行修改）。

（4）保存程序，方法同Office中一样。

强调说明：

（1）在程序书写中需要注意的是，要认真、细心，否则在程序书写上会经常出现错误，影响学习进度。

（2）在编写程序的过程中，多数情况下，都是在英文状态下书写程序代码，随时要注意中英文的切换方式。

三、教学重点和难点

教学重点：

（1）学会安装Python程序。

（2）了解Python程序的基本功能。

教学难点：

通过编写Python程序，体会并感受Python功能的强大，激发学生学习编程的兴趣。

第1课 认识Python

四、教学建议

1. 关于Python的教学内容

本课是学习Python语言的起始课，学生第一次接触Python编程。教师通过本节课的教学，不仅要让学生了解Python编程，而且还要激发学生学习Python编程的兴趣，渗透对学生逻辑思维能力的培养，使学生会思考、会分析、会表达、会解决简单的问题（如学习数学问题、计算问题、编写游戏等）。

2. 关于Python起始课的教学方法

万事开头难，第1课认识Python，学会Python编程，是激发学生学习一门语言的关键。首先，教师要进行精心的备课准备，比如：了解本课的教学内容，需要掌握的知识点、技术操作以及培养学生逻辑思维和解决问题的能力。其次，准备课上需要用到的教学课件和Python教学范例等（比如：学生第一次接触Python编程要让学生知道Python是什么？和之前学过的图形化编程有哪些不同？为什么在小学时要开展Python语言的学习？我们学习Python语言可以解决哪些问题？等等。）实际上，课堂可以采用的教学方法有很多种且需灵活运用。比如，谈话法、范例引入、课件演示、对比、任务驱动等。因此，教师必须全面了解学生、了解教材、了解教法，才能选择合适的教学方法以激发学生的学习兴趣。

本课开始，教师可以采用谈话法引入，抛出若干个小问题，让学生通过小组讨论方式或者个别自主发言的方式说一说"Python是什么""Python编程和之前接触过的图形化编程有何不同"等话题，引发学生思考、分析，学生带着这些疑问和好奇心走进本课的学习，将学生的注意力引向课堂主题；再通过多媒体课件展示有关Python范例及播放视频文件，让学生对Python编程产生最直观的印象，并使学生产生强烈的学习兴趣；最后，学生怀着这种浓厚的兴趣创编完成属于自己的第一个Python程序。

在本课教学过程中，教师自始至终都应该以"激发学生兴趣"和"设计有意义的Python案例"为主，充分调动学生的积极性、自主性，使学生在课堂学习中，保持良好的、持久的学习兴趣，且会思考、会分析、会表达、会交流、会处理简单的问题，渗透对学生"计算思维"能力的培养。

3. 关于安装 Python 软件以及认识 Python 编程环境

关于这部分内容，教师可以采用"微课"或"课件"的方式进行处理，不要占用课上更多的时间进行讲解。建议教师采用自学的方式，让学生独立完成"Python 编程环境"的学习和上机操作的练习。教师通过简单的上机测试完成对学生学习效果的检查。

4. 关于保存 Python 编程文件

关于保存 Python 程序的方法，和前面我们学习过的 Office 的方法基本上一样，只不过要认真、细心，否则保存后的文件有可能找不到。所以，保存 Python 编程文件很关键，必须要记住保存文件所处的位置或路径。

五、本课相关资料介绍

（1）提供 Python 范例程序。

建议教师可以自创、自编 Python 范例程序，提供的 Python 范例程序，能基本上涵盖 Python 主要功能。

（2）提供网上链接的 Python 学习范例。

（3）提供免费下载 Python 安装软件。

六、练习题

（1）编写一个程序，让计算机首先提示你输入第一个人的名字并用 name1 来表示：

What is your name？

（2）让计算机提示，输入你一位朋友的名字并用 name2 来表示：

What is your friend's name?

（3）让计算机输出以下的一句话：

name1 and name2 are friends!

这里的 name1 和 name2 要用你输入的两个名字代替。

第 2 课　海龟画图

一、教学目标和教学要求

（1）了解 turtle 库的作用，掌握调用 turtle 库的方法。
（2）学会使用 forward、left、range 等命令。
（3）理解程序的循环结构，通过 range 命令的参数设置，体会循环结构的作用。
（4）学会使用循环结构让小海龟画正方形。

二、教材内容分析

本课共分为 4 部分，分为两个课时进行教学。
第一课时：
第 1 部分：介绍调用 turtle 库的方法。
第 2 部分：让小海龟画直线、正方形。
第二课时：
第 3 部分：自动画正方形。
第 4 部分：拓展练习。
教学分析：
第 1 部分，在任务中引出 turtle 库，使学生了解 turtle 可以画出在数学课上学习过的直线、正方形、三角形等常见的图形，激发学生的学习兴趣。在这部分中，学生需要掌握调用 turtle 库的语句格式。

import turtle
t = turtle.Pen()

第 2 部分，学生先尝试用 forward 命令让小海龟画直线。

t.forward(90)

然后将程序保存起来，文件名为 Line。

当学生画完直线后，提出一个更难的问题，即编写一个画正方形的程序，从而引出控制画笔旋转角度的问题。画正方形首先要知道正方形的特点：四条边都相等，四个角都是 90 度。小海龟画正方形的过程：画正方形时，画一条边，转一次角；再画一条边，再转一次角……直到画出正方形。t.left(90) 语句可以让小海龟左转弯 90 度。引导学生分析出程序代码。学生根据已有经验可以得出，这部分代码比较长并且很多是重复内容，可以用"复制""粘贴"的方法快速输入重复的代码。学生刚开始进入海龟画图部分的学习，要充分理解这些知识，在完成画正方形后，学生可以尝试画三角形、正五边形等图形，为第二课时做好铺垫。

第 3 部分，分析编写的画正方形程序，引导学生发现有很多重复的语句，虽然可以用复制和粘贴的方法节约输入时间，但是代码比较长。有没有更简单的方法呢？引出循环结构，介绍 for 循环语句的使用方法，学生尝试用 for 循环语句编写画正方形程序。

第 4 部分，拓展练习。目的是鼓励学生大胆实践，勇于探究，通过尝试调整移动步数和转向角度，画出各种各样的图形。教师根据学生情况进行有针对性的指导。

三、教学重点和难点

教学重点：
（1）学会使用 forward、left、range 等命令。
（2）理解程序的循环结构，会使用循环结构让小海龟画正方形。

教学难点：
（1）学会 range 命令的用法，理解其参数的意义。
（2）理解程序的循环结构，会使用循环结构编写画正方形程序。

四、教学建议

1. 关于教学内容

第一课时，使学生通过探究和练习学会调用 turtle 库以及 forward、left、range 等命令，用循环结构画正方形。教学中教师要注重培养学生自学能力、探究能力、知识迁移能力。在自学、小组讨论交流的过程中，帮助学生对学习内容进行归纳、梳理，让学生把握知识要点并形成能力，要为学生创设利于探究学习的氛围。

调用 turtle 库的方法可以放在画直线环节中进行讲解。在画直线环节中涉及一个"像素"的概念，在代码 t.forward(90) 中，参数 90 就是画的线的长度，单位是"像素"。"像素"是屏幕上的一个小点，屏幕上的画面是由许多小点构成的，每个小点就是一个像素，90 像素就是 90 个小点连接在一起就画出了一条线，教师在教学时要给学生讲清楚。

在画正方形时，教师可以这样做：要让小海龟画正方形，首先要清楚正方形的特点，正方形的特点是有 4 条相等的边和 4 个相等的 90 度角。通过分析使学生知道小海龟走正方形过程，即先走一条边，再转一个 90 度角，直到画完这个正方形。教师可以借助转角的示意图来帮助学生明白画正方形时转的是哪个角，清楚转角的方向和角度。在理解以上内容基础上，学生可以自主编写代码，完成画正方形程序。

第二课时，引导学生分析代码中有一部分重复出现的现象，引出循环结构。教师可以采用流程图的方法带领学生分析循环结构画正方形的过程，帮助学生理解循环结构的概念，体会循环结构的作用。接着介绍 for 循环语句的格式及使用方法，学生独立编写循环结构来画正方形的程序。在学生完成向左转弯画正方形后，可以用向右转弯的方式再尝试一次。

2. range 命令

理解 range 命令括号里面参数的意义。例如 range(4)，range 是范围的意思，表示变量变化的范围。4表示循环4次，第一次x的值是0、第二次是1、第三次是2、第4次是3。

为什么是从0开始的，而不是从1开始的呢？这是计算机的习惯，都喜欢从0开始。就像在英国，我们的一楼他们叫Ground（地面），我们的二楼他们叫First Floor（一楼），以此类推。

3.循环结构

for x in range(4):

这是一个循环语句（loop）。我们用循环语句来表示需要重复做的事情。

x是变量，变量是一个会不断变化的值。

在循环语句中需要缩进。在输入时需要先按一下Tab（制表）键。

t.forward(90)
t.left(90)

这表示上面这两行是属于循环的内容。它们会被重复执行4次，因此画出了整个正方形。

借助流程图方式，帮助学生理解循环结构，如图2-1所示。

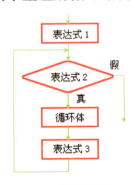

图2-1 循环结构

五、本课相关资料介绍

1.算法的三种结构

算法结构包括顺序结构、选择结构和循环结构。顺序结构是按照语句的排列顺序，由上而下依次执行。在程序中，有些语句需要重复执行，这就是循环结构，循环结构可以根据需要设置重复执行的次数。

2. 流程图的含义

流程图是算法的一种图形化表示方式。它使用一组预定义的符号来说明如何执行特定任务，如表 2-1 所示。流程图可以直观、清晰地呈现程序的执行过程，更有利于人们设计与理解算法。

表 2-1　流程图所使用的符号及含义

图　框	名　称	功　能
圆角矩形	起止框	开始和结束
平行四边形	输入输出框	输入和输出信息
矩形	处理框	执行计算语句结果的传送
菱形	判断框	判断某一个条件是否成立
→ ↓	流程线	步骤流程进行的方向

流程图也称程序框图，是用规定的符号、连线和文字说明的图形结构来描述算法，如图 2-2 所示。

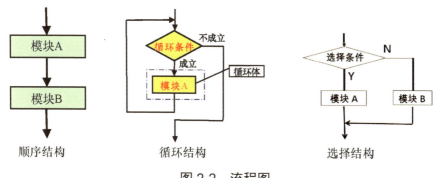

图 2-2　流程图

3. turtle 模块中常用的命令

turtle 模块中，画笔运动命令如表 2-2 所示。

表2-2 画笔运动命令

命　　令	说　　明
turtle.forward(distance)	向当前画笔方向移动 distance 像素长度
turtle.backward(distance)	向当前画笔相反方向移动 distance 像素长度
turtle.right(degree)	顺时针移动 degree 度
turtle.left(degree)	逆时针移动 degree 度
turtle.pendown()	移动时绘制图形，默认时也为绘制
turtle.goto(x,y)	将画笔移动到坐标为 x,y 的位置
turtle.penup()	提起笔移动，不绘制图形，用于另起一个地方绘制
turtle.circle()	画圆,半径为正（负），表示圆心在画笔的左边（右边）画圆
turtle.fillcolor(colorstring)	绘制图形的填充颜色
turtle.pencolor(colorstring)	设置画笔颜色
turtle.filling()	返回当前是否在填充状态
turtle.begin_fill()	准备开始填充图形
turtle.end_fill()	填充完成

第 3 课　做数学

一、教学目标和教学要求

（1）认识数值、字符串、布尔三种数据类型。
（2）知道数学运算和布尔运算的概念。
（3）掌握 while 循环语句的格式及应用。
（4）掌握 eval 函数的使用方法。

二、教材内容分析

本课共分为 4 部分，应分为两个课时教学。
第一课时：
第 1 部分：介绍在 Python 中如何进行数学运算。
第 2 部分：介绍字符串类型。
第二课时：
第 3 部分：介绍布尔运算。
第 4 部分：使用 while 语句和 eval 函数做计算。
　　第一课时中的第 1 部分，介绍了在 Python 中如何做数学运算，在 Python 中一种数据类型为数字，其中数字的类型分为整数和小数，运算法则与在数学课中学习的内容是一致的，需要注意的是运算符号与数学课中使用的符号有些是有差异的，具体内容见教材。在进行计算时，在教材中还引入了变量这一概念，变量是内存中分配的临时存储数据的空间，存储的数据是可以变化的，因此称为"变量"。例如：x=3，作用是将数字3存储在变量x中，x就可以表示数字3进行运算，类似于数学课中的用字母表示数。

第2部分，介绍了在Python中另一种数据类型——字符串。字符或字符序列（字母、数字或符号）称为一个字符串（string）。在Python中创建一个字符串，要在字符的两边加上英文的单引号或双引号。

第3部分，介绍布尔运算的概念，布尔运算又称逻辑运算，用于比较两个值的结果，比较的结果为True（真）或为False（假）。在教学时教师可以和在数学中的比较进行关联，布尔运算常用于循环的处理，用来判断是否该离开循环或继续执行循环内的指令。

第4部分，首先介绍eval函数的作用及使用方法。eval函数用来执行一个字符串表达式，并返回表达式的值。例如eval("2+3")，返回结果5。

在教材第2课中介绍了一种循环语句——for循环语句，本课又介绍了另一种循环语句——while循环语句。对比了for循环和while循环的不同之处，while循环适用于不知道具体循环次数的情况。

while循环格式：

while＜条件＞:
　　＜语句块＞

当＜条件＞为True时进行循环，当＜条件＞为False时跳出循环。具体程序见教材。

三、教学重点和难点

教学重点：
（1）认识数值、字符串、布尔三种数据类型。
（2）知道数学运算和布尔运算的概念及运算符号的作用。

第 3 课　做数学

教学难点：
（1）知道布尔运算的概念及使用方法。
（2）掌握 while 循环语句的格式及应用。

四、教学建议

1. 关于教学内容

关于数学运算，可以与在数学课中所学知识进行联系，Python 和所有其他的编程语言都会遵循正确的数学规则和运算顺序（先算乘除再算加减，有括号先算括号中的）。在 Python 中数字的类型分为整数和浮点数（浮点数也就是小数类型），如下所示。

$$数字类型 \begin{cases} 整数\ 2、10、-34 \\ 浮点数（小数）0.3、1.6、-2.34 \end{cases}$$

在数学中的"+""-""×""÷"符号，在 Python 中叫作运算符或操作符，但是有些符号的表示和在数学中的表示是有差异的，例如在键盘上没有"×"，是用"*"来表示的。还有一些运算符号，在小学的数学课上学生是没有学习的或者表示的意义不同，例如模除符号"%"，在数学课上是百分号，具体概况如表 3-1 所示。

表 3-1　在 Python 中的数学运算符

运　　算	数学表示	Python 运算符	例　　子
加法	+	+	3+2=5
减法	-	-	3-2=1
乘法	×	*	3*2=6
除法	÷	/	3/2=1.5
求幂	a^n	a**n	3**2=9
括号	()	()	(3+2)*4=20
整除	a 除以 b 的商	//	7//2=3
模除	a 除以 b 的余数	%	7%2=1

打开 IDLE，在 Shell 模式下输入例子（输入完算式不要输入"="，直接按 Enter 键进行计算），运算结果如图 3-1 所示。

图 3-1　直接在 IDLE Shell 中进行数学运算

关于字符串，字符或字符序列（字母、数字或符号）称为一个字符串（string），可以是任意字母、文字、数字、符号的组合。在 Python 中创建一个字符串，要在字符的两边加上英文的单引号或双引号，不过字符串的开头和结尾必须使用同种类型的引号，要么单引号要么双引号。例如 "1234"、"aB34"、'@#￥%'、' 你好 '。在教材中列举了一个打印字符串的程序，代码如下。

name=input(" 你叫什么名字？ ")
for x in range(10):
　　print(name)

代码 name=input(" 你叫什么名字？ ") 的作用是使用 input 输入函数将键盘输入的姓名赋值给变量 name，赋值给变量 name 的值就是字符串类型。

print 是打印命令，代码 print(name)，是将姓名在屏幕上显示出来，程序运行结果如图 3-2 所示。

图 3-2　程序运行结果

关于打印格式，在 Python 中默认是换行打印，例如图 3-2 的程序中打印完一个姓名后换行再次打印，如果希望打印不换行，可以将代码修改为 print(name,end=" ")，end=" " 的作用就是打印完一个姓名后，结束符是" "，需要注意的是双引号中的空格数量，决定打印完一个姓名后空几个格再次打印，效果如图 3-3 所示。

图 3-3　不换行的显示效果

关于布尔值（Boolean），布尔值只有两种状态：True（真）或 False（假），用比较运算符比较两个值，得到的结果就是布尔值，这种运算就叫作布尔运算。在 Python 中的比较运算符和在数学课上的比较运算符在表示上有些区别，具体如表 3-2 所示。

表 3-2　在 Python 中的布尔运算符

运　　算	数 学 表 示	Python 运算符
等于	=	==
不等于	≠	!=
小于	<	<
大于	>	>
小于等于	≤	<=
大于等于	≥	>=

需要注意的是，"="在 Python 中是赋值号，"=="在 Python 中是等号。打开 IDLE，在 Shell 模式下输入下图中的例子，运算结果如图 3-4 所示。

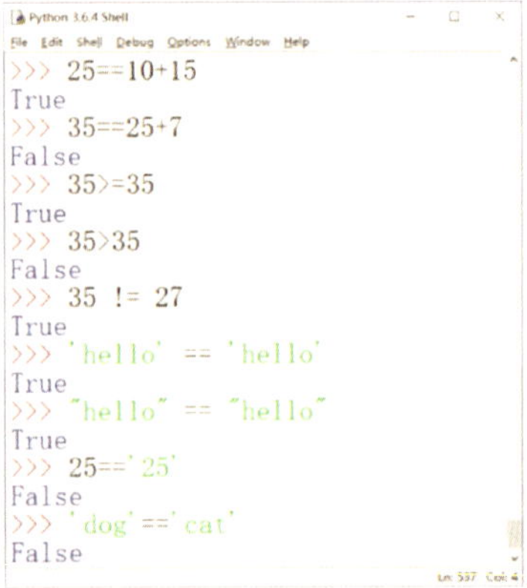

图 3-4　在 Shell 中直接进行布尔运算

布尔值之间也可以进行布尔运算，运算符号为 and、or、not，意义和用法如表 3-3 所示。

表 3-3　在 Python 中的布尔组合运算

运算	表示方法	读法	含　　义
and	a and b	a 与 b	a 和 b 都为真时为真，否则为假
or	a or b	a 或 b	a 和 b 有一个为真时就为真，否则为假（a 和 b 都为假时为假）
not	not a	非 a	a 为真则结果为假，a 为假则结果为真

打开 IDLE，在 Shell 模式下输入下图中的例子，运算结果如图 3-5 所示。

图 3-5　在 Shell 中直接运行布尔组合运算

布尔运算常用于循环的处理,用来判断是否该离开循环或继续执行循环内的指令。

2. 关于变量

在第 1 部分数学计算中涉及变量的概念,值可以改变的量称为变量,变量是临时存储数据用的,变量好比是一个容器,不过它装的是数据。一个变量应该有一个名字,在内存中占据一定的存储单元,在存储单元中存放变量的值,通过赋值将数据存储在变量中,例如:x=3,就是一个赋值语句,符号"="叫作赋值号,读作将 3 赋值给变量 x,不同于在数学中的等号"=",在 Python 中用"=="表示等号"=",教师要给学生解释清楚。要注意变量名和变量值是两个不同的概念,如下所示。

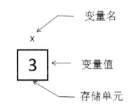

每个变量名对应一个内存地址,在程序中从变量中取值,实际上是通过变量名找到相应的内存地址,从其存储单元中读取数据。

在 Python 中使用变量不同于其他编程语言,不需要事先声明变量的名称和类型,可以直接给变量赋值并使用。但是变量名需要遵守一定的规则,在 Python 中变量的命名规则如下。

(1)变量名的长度不受限制,但其中的字符必须是字母、数字或下画线,而不能使用空格、连字符、标点符号、引号或其他字符。

(2)变量名的第一个字符不能是数字,而必须是字母或下画线。

(3)在 Python 中的变量名区分大小写。

(4)不能将 Python 关键字用作变量名。

3. eval 函数

eval 是 Python 内置函数,用于计算字符串表达式的值。例如 eval("2+3") 返回的答案是 5。

4. while 循环

在第 3 课第 4 节"帮你做作业"中,教材分别用 for 循环和 while 循环写了做数学运算的程序,for 循环适用于循环次数已知的循环情况,要想提前退出循环可以按 Ctrl+C 快捷键。while 循环适用于循环次数未知的情况。

while 循环格式：

while < 条件 >:
　　< 语句块 >

当 < 条件 > 为 True 时进行循环，当 < 条件 > 为 False 时跳出循环。教材中的具体代码如下。

```
question=input(" 请输入一个题目：")
while question!="q":
    print(question," 的答案是：",eval(question))
    question=input(" 请输入一个题目：")
```

代码 while question !="q" 的作用是，当输入字母 "q" 时，循环条件 question!="q" 的结果为 False，也就是不满足循环条件，这时就跳出循环，程序效果如图 3-6 所示。

图 3-6　运算结果

接下来，在教材中又设计了一个使用 while 循环语句编写的点餐程序，程序代码如下。

```
num=0                    # 菜的总数
total=0                  # 菜的总价
name=input(" 请输入菜名：")
while name!="q":
    price=eval(input(" 请输入价格："))
```

num=num+1
total=total+price
name=input(" 请输入下一道菜：")
print(" 您一共点了 ",num," 道菜 "," 总价为 ",total," 元 ")

在程序中用到了 4 个变量，如表 3-4 所示。

表 3-4　在程序中用到的 4 个变量

变量名	内容	初始值
num	菜的总数	0
price	菜的单价	
total	菜的总价	0
name	菜名	

当程序开始运行后，首先将输入的菜名赋值给变量 name，然后判断是否满足条件 name!="q"，如果条件为 True（真），那么就退出循环;如果条件为 False（假），那么就进行循环，继续输入菜的单价价格，计算菜的总数、总价等信息。

num=num+1 是一个赋值语句，它的作用是计算菜的总数，每点一道菜 num 就加 1，然后再重新赋值给变量 num，实现菜的总数的累加，计算菜的总价的方法同理。

计算菜的总数的具体计算过程如表 3-5 所示。

表 3-5　菜的总数的计算过程

	num	num=num+1
第 1 道菜	0	1=0+1
第 2 道菜	1	2=1+1
第 3 道菜	2	3=2+1
第 4 道菜	3	4=3+1
…	…	…

五、关于练习

（1）在 Shell 界面算一算，如表 3-6 所示。

表 3-6 在 Shell 界面计算的算式和结果

算　　式	结　　果
8*72	576
55–3+7	59
(848+256)/1024	1.078125
25//2	12
25%2	1
(33–8)*(22+8)	750
1024/256 >= 35/7	False
1024%255	4
(87*3+25)>105 and 98<25*5	True

（2）在上述"4.while 循环"的点餐程序里，增加打折功能，最后要求输入折扣（用 0.8 表示 8 折，用 0.75 表示 75 折），并计算打折后的总价。

在点餐程序中，当输入字母 q，也就是结束点餐后，输入一个折扣，如果输入 0.8 按照 8 折计算总价，如果输入 0.75 按照 75 折计算总价，因为通过 input 输入函数获折扣是字符型数据，需要使用 float 函数转换成浮点数类型（也就是小数），同时还需设置一个变量 discount，表示折扣，具体程序代码如下。

```
num=0
total=0
name=input(" 请输入菜名：")
while name!="q":
    price=eval(input(" 请输入价格："))
    num=num+1
    total=total+price
    name=input(" 请输入下一道菜：")
discount=float(input(" 请输折扣（0.8 或 0.75）："))
total=total*discount
print(" 您一共点了 ",num," 道菜 "," 总价为 ",total," 元 ")
```

程序运行效果如图 3-7 所示。

请输入菜名：宫保鸡丁
请输入价格：20
请输入下一道菜：鱼香肉丝
请输入价格：18
请输入下一道菜：水煮鱼
请输入价格：35
请输入下一道菜：q
请输折扣（0.8或0.75）：0.8
您一共点了 3 道菜 总价为 58.400000000000006 元

图 3-7　点餐程序运行效果

六、本课相关资料介绍

1. 为什么叫作布尔运算

布尔是英国 19 世纪的一名数学家，因其在符号逻辑运算中的特殊贡献，很多计算机语言中将逻辑运算称为布尔运算，将其结果称为布尔值。

2. 算术运算符

以下假设变量 a 为 10，变量 b 为 21，如表 3-7 所示。

表 3-7　算术运算符

运算符	描　　述	实　　例
+	加：两个对象相加	a + b 输出结果 31
-	减：得到负数或是一个数减去另一个数	a - b 输出结果 -11
*	乘：两个数相乘或是返回一个被重复若干次的字符串	a * b 输出结果 210
/	除：x 除以 y	b / a 输出结果 2.1
%	取模：返回除法的余数	b % a 输出结果 1
**	幂：返回 x 的 y 次幂	a**b 为 10 的 21 次方
//	取整除：返回商的整数部分	9//2 输出结果 4，9.0//2.0 输出结果 4.0

3. 比较运算符

以下假设变量 a 为 10，变量 b 为 20，如表 3-8 所示。

表3-8 比较运算符

运算符	描述	实例
==	等于：比较对象是否相等	(a == b) 返回 False
!=	不等于：比较两个对象是否不相等	(a != b) 返回 True
>	大于：返回 x 是否大于 y	(a > b) 返回 False
<	小于：返回 x 是否小于 y。所有比较运算符返回 1 表示真，返回 0 表示假。这分别与特殊的变量 True 和 False 等价。注意，这些变量名的大写	(a < b) 返回 True
>=	大于等于：返回 x 是否大于等于 y	(a >= b) 返回 False
<=	小于等于：返回 x 是否小于等于 y	(a <= b) 返回 True

4．逻辑运算符

设变量 a 为 10，变量 b 为 20，如表 3-9 所示。

表3-9 逻辑运算符

运算符	逻辑表达式	描述	实例
and	x and y	布尔"与"：如果 x 为 False，x and y 返回 False；否则它返回 y 的计算值	(a and b) 返回 20
or	x or y	布尔"或"：如果 x 是 True，它返回 x 的值；否则它返回 y 的计算值	(a or b) 返回 10
not	not x	布尔"非"：如果 x 为 True，返回 False；如果 x 为 False，它返回 True	not(a and b) 返回 False

第4课　画彩色图

一、教学目标和教学要求

（1）认识列表数据类型及其使用方法。
（2）学会使用 pencolor 命令设置画笔颜色。
（3）学会使用 bgcolor 命令设置画布背景色。
（4）学会使用 width 命令设置画笔粗细。
（5）学会使用变量让小海龟画出色彩、形状多变的图形。

二、教材内容分析

本课共分为4部分，应分为两个课时教学。
第一课时：
第1部分：用不同颜色的笔画图形。
第2部分：改变画布背景色。
第二课时：
第3部分：修改变量值画出色彩、形状多变的图形。
第4部分：拓展练习。
教学过程分析：
第1部分，通过向小海龟提问"为什么没有彩色笔？"引出本课的新知识"小海龟有世界上最全的彩色笔",学习设置画笔颜色,进一步激发学生探究turtle库的兴趣。

第2部分,在学生初步掌握设置画笔颜色的基础上,提出一个更高的要求,即为了看清楚图形改变背景色的任务,学习设置画布的背景色。

第3部分,进一步提高要求,通过设置变量值,设置画笔颜色、画笔转角、画笔粗细,画出丰富多彩的图形。

第4部分,是拓展练习,通过修改变量值,让学生自己观察图形效果,自己分析、编写、调试程序。

三、教学重点和难点

教学重点:
(1)学会使用pencolor命令设置画笔颜色。
(2)学会使用bgcolor命令设置画布背景色。
教学难点:
认识列表数据类型及其使用方法。

四、教学建议

1.关于教学内容

在教材中首先出示了一个绘制彩色图形的程序,程序运行效果如图4-1所示。

画出的图形是彩色的是因为改变了画笔的颜色,在turtle库中pencolor命令用来设置画笔的颜色,具体格式如下。

turtle.pencolor(colorstring)

括号中的colorstring是颜色参数,将参数设置为表示颜色的字符串如"green"或"red",即可改变画笔的颜色。

例如turtle.pencolor("green"),将画笔设为绿色。在教材中所画的第1个图形有4种颜色,将4种颜色定义为一个名为colors的列表,通过颜色列表传递颜色参数。

图4-1 彩色的复杂方框图案

colors=["red","yellow","blue","green"]

列表是 Python 中的一种数据类型，创建一个列表，只要把逗号分隔的不同的数据项使用方括号括起来即可。在 colors 列表中包含代表红、黄、蓝、绿 4 种颜色的字符串，每个列表元素有一个位置索引（索引由 0 开始），具体如下。

colors=[" red " , " yellow " , " blue " , " green "]
　　　　　↑　　　　↑　　　　↑　　　　↑
　　colors=[0]　colors=[1]　colors=[2]　colors=[3]

例如 colors[0] 就表示 "red"，colors[1] 就表示 "yellow"，其他颜色同理。

教材中具体程序代码如下。

```
import turtle
t=turtle.Pen()
colors=["red","yellow","blue","green"]
for x in range(200):
    t.pencolor(colors[x%4])
    t.forward(x)
    t.left(90)
```

代码 t.pencolor(colors[x%4]) 就是用来设置画笔颜色的，x%4 是求 x 除以 4 的余数，具体如表 4-1 所示。

表 4-1 设置画笔颜色

x	x%4	colors[x%4]	颜色
0	0%4=0	colors[0]	red
1	1%4=1	colors[1]	yellow
2	2%4=2	colors[2]	blue
3	3%4=3	colors[3]	green
4	4%4=0	colors[0]	red
5	5%4=1	colors[1]	yellow
6	6%4=2	colors[2]	blue
…	…	…	…
199	199%4=3	colors[3]	green

colors[x%4] 会随着 x 从 0~199 的变化而依次取 colors[0]，colors[1]，colors[2]，colors[3]，colors[0]，colors[1]，colors[2]，colors[3]，…，画笔即可按顺序来切换颜色。

关于设置背景色，trutle.bgcolor 命令用来设置画布背景色，具体格式如下。

turtle.bgcolor(colorstring)

括号中的 colorstring 是颜色参数，修改背景色和修改画笔颜色的操作类似，可以先让学生自己动手试一试将画布背景色设置为黑色。只需要添加一行代码 turtle.bgcolor("black")。

修改后的程序代码如下。

```
import turtle
t=turtle.Pen()
colors=["red","yellow","blue","green"]
turtle.bgcolor（"black"）
for x in range(200):
    t.pencolor(colors[x%4])
    t.forward(x)
    t.left(90)
```

上述程序运行效果，如图 4-2 所示。
教材在第一个画彩色图形的基础上增加了一个更炫的改变背景色的效果，将改变背景色的代码也放入了循环当中，每循环一次就改变一次背景色，具体代码如下。

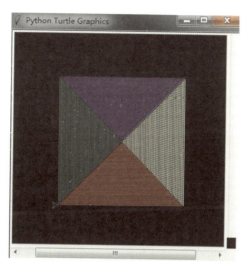

图 4-2　改变背景颜色

```
import turtle
t=turtle.Pen()
colors=["red","yellow","blue","green"]
for x in range(200):
    t.pencolor(colors[x%4])
    turtle.bgcolor(colors[(x+1)%4])
    t.forward(x)
    t.left(90)
```

代码 turtle.bgcolor(colors[(x+1)%4]) 就是用来修改背景色的，每循环一次就改变一次背景色。

教学时教师可以提问学生在 colors[(x+1)%4] 中，为什么要用"x+1"？原因是避免画笔颜色和背景颜色是同一种颜色。

程序运行效果如图 4-3 所示。

图 4-3 变换背景颜色

关于在教材中第 4 课的 "3. 神奇的变量"，通过灵活的使用变量，达到改变画笔颜色、画笔转角、画笔粗细等效果，画出了一个漂亮的图形。在这里，教师可以引导学生尝试将教材中第 6 行代码 for x in range(270): 改为 for x in range(360): ；第 10 行代码 t.width(x*sides/150) 改为 t.width(x*sides/200)，看看运行的效果，程序代码如下。

```
import turtle
t=turtle.Pen()
turtle.bgcolor("black")
sides=2
colors=["red","yellow","blue","orange","green","purple"]
for x in range(360):
    t.pencolor(colors[x%sides])
    t.forward(x)
    t.left(360/sides+1)
    t.width(x*sides/200)
```

这个神奇的变量就是 sides，初始值为 2。

改变画笔颜色的代码为：t.pencolor(colors[x%sides])，colors[x%sides] 会随着 x 从 0~359 的变化而依次取 colors[0]，colors[1]，循环时画笔颜色就会在 colors[0]（红色）和 colors[1]（黄色）中切换。

改变画笔转角的代码为：t.left(360/sides+1)，每次循环画笔会向左旋转 360/2+1 度，也就是 181 度，原理如图 4-4 所示。

图 4-4　旋转原理图

width 命令是设置画笔的粗细，代码 t.width(x*sides/200)，每循环一次参数 x*sides/200 会随着 x 从 0~359 的变化而增加，画笔就变粗一些，具体变化如表 4-2 所示。

表 4-2　设置画笔的粗细

x	x*sides/200	width
0	0*2/200=0	0
1	1*2/200=0.01	0.01
2	2*2/200=0.02	0.02
3	3*2/200=0.03	0.03
4	4*2/200=0.04	0.04
5	5*2/200=0.05	0.05
…	…	…
359	359*2/200=3.59	3.59

当 x=359 时，画出的线最粗，达到 3.59。

程序运行效果如图 4-5 所示。

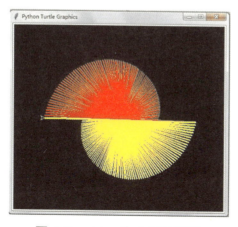

图 4-5　sides 为 2 时的图案

在理解了上面程序的基础上可以让学生自己修改变量 sides 的值，将 sides 的值改为 3、4、5、6 观察图案的效果，效果如表 4-3 所示。

表 4-3　观察 sides 的值的变化

sides=3	sides=4	sides=5	sides=6

2. 关于列表

列表是 Python 中非常重要的一种数据类型，列表中的元素可以是数字、字符串，也可以是不同的数据类型，这些列表元素用中括号括起来用逗号分隔。列表中的每个元素都分配一个数字作为它的位置索引，第一个索引是 0，第二个索引是 1，以此类推。例如：

```
colors=[ "red" ," yellow " ," blue " ," green " ]
```

列表名　　colors[0]　　colors[1]　　colors[2]　　colors[3]

五、关于练习

把下面程序中的 sides 改成 7、8、9，看看会出现什么效果？注意：这里的 colors 中定义的颜色比前面的多，是为了避免 color[x%sides] 出现错误的。

```
import turtle
t = turtle.Pen()
turtle.bgcolor("black")
sides=9
colors=["red","yellow","blue","skyblue","orange","green","purple","pink","white"]
for x in range(270):
    t.pencolor(colors[x%sides])
```

t.forward(x∗2)
t.left(360/sides+1)
t.width(x∗sides/150)

在这个练习当中，将 colors 颜色列表增加了三种颜色，为什么要增加这三种颜色呢，如果不增加颜色，将变量 sides 的值设置为 7、8、9 看看能不能画出图形呢？可以让学生动手试一试，答案是不能画出图形的，并且给出一条程序运行错误的信息，如图 4-6 所示。

图 4-6　程序运行提示信息

list index out of range 的意思是：列表的索引分配超出列表范围。程序出错的具体原因是，在程序代码中创建了一个命名为 colors 的颜色列表：

colors=["red","yellow","blue","orange","green","purple"]

列表索引与列表项的对应关系，如表 4-4 所示。

表 4-4　colors 的颜色列表

列表索引	colors[0]	colors[1]	colors[2]	colors[3]	colors[4]	colors[5]
列 表 项	red	yellow	blue	orange	green	purple

如果 sides=7，当 x=6 时，colors[6%sides]=colors[6]，超出了 colors 列表的索引范围，因此程序就出错了。解决的办法是增加 colors 列表的颜色，增加了 purple、pink、white 三种颜色。

六、本课相关资料介绍

1. 常用颜色

turtle 可以使用数百种不同的颜色，如表 4-5 所示列举的是常用的颜色。

表 4-5 常用颜色

名　　称	颜　　色	名　　称	颜　　色
red	红	cyan	青
green	绿	purple	紫
blue	蓝	magenta	洋红
white	白	yellow	黄
black	黑		

2. 列表的常用操作

（1）访问列表，使用下标索引（索引由 0 开始）来访问列表中的值，也可以使用方括号的形式截取字符，代码如下所示。

```
colors=["red","yellow","blue","green"]
print ("colors[0]:", colors[0])
print ("colors[1:3]:", colors[1:3])
```

输出结果如下。

```
colors[0]:  red
colors[1:3]:    ["yellow","blue","green"]
```

（2）添加列表项，要向列表增加元素，需要使用 append 命令，代码如下所示。

```
colors=["red","yellow","blue","green"]
colors.append("black")
print(colors)
```

输出结果如下。

['red','yellow','blue','green','black']

（3）删除列表项，删除列表元素可以使用 del 命令，del 利用索引从列表中删除元素，代码如下所示。

```
colors=["red","yellow","blue","green"]
del colors[2]
print(colors)
```

输出结果如下。

['red','yellow','green']

第 5 课　做判断

一、教学目标和教学要求

（1）理解选择结构概念及在程序中的作用。
（2）掌握 if 语句的基本格式及应用。
（3）了解 random 库的作用，掌握调用 random 库的方法。
（4）学会使用 eval、randint、int 等命令。

二、教材内容分析

本课共分为 5 部分，应分为三个课时教学。
第一课时：
第 1 部分：认识单分支选择结构，学习单分支 if 语句。
第二课时：
第 2 部分：认识双分支选择结构，学习双分支 if 语句。
第 3 部分：学习多次判断的 if 语句。
第三课时：
第 4 部分：编写猜数字程序。
第 5 部分：拓展练习继续完善猜数字程序。

第 1 部分，通过编写一个计算除法的程序提出问题"计算时要判断除数是否为 0"，引出本课新知识——选择结构。这部分学生需要认识单分支选择结构及单分支 if 语句的使用方法。

第 2 部分，将优化第 1 部分的程序，认识双分支选择结构，学习双分支 if 语句的使用方法。

第 3 部分，介绍需要对多个条件进行判断的 if 语句的格式。在教材中这部分内容的设计层次安排如下。

（1）将多个 if…else…嵌套使用，需要特别注意代码块的缩进。

（2）分析多个 if…else…嵌套使用编写的程序，发现程序有点复杂，需要特别注意代码块的缩进。学习 if…elif…语句的使用方法及简化程序。

第 4 部分，为综合运用。使用 while 循环语句、if 语句，学习 random 随机库产生随机数的方法，编写猜数字的程序。

第 5 部分，为拓展练习，继续完善猜数字程序。

三、教学重点和难点

教学重点：

知道选择结构的概念及在程序中的作用，掌握 if 语句的格式及其用法。

教学难点：

理解选择结构的执行过程，能准确设定判断条件，并正确书写条件表达式。

四、教学建议

1. 关于教学内容

教材首先出示了一个计算输入两个数相除的程序，程序代码如下。

```
a = eval(input("a="))
b = eval(input("b="))
print("a/b=",a/b)
```

第 5 课　做判断

代码 a = eval(input("a=")) 的作用是通过 eval 函数计算出 input 输入函数获得的字符串所对应的数值，程序运行结果如图 5-1 所示。

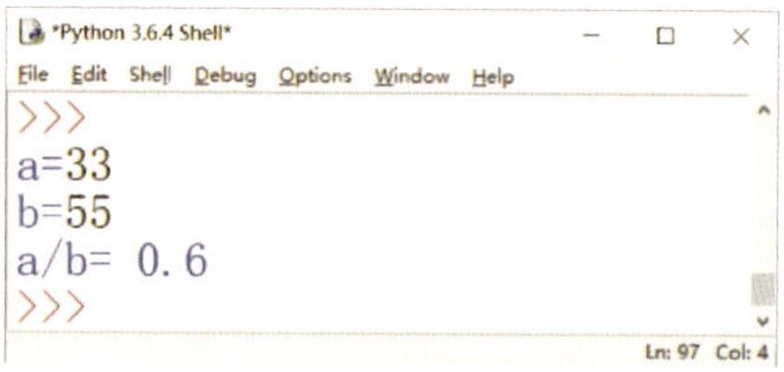

图 5-1　程序运行结果

在体验程序的过程当中，可以看看学生能否考虑到除数不能为 0 的问题，如果第二个数（除数）输入的是 0，那么程序运行时就会报错，出现如图 5-2 所示的提示信息。

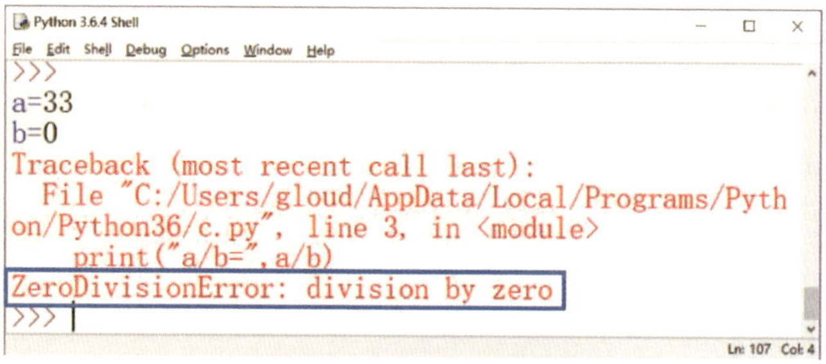

图 5-2　出错信息提示

报错的信息 division by zero 的意思就是"除数为 0 或被 0 除"，要想解决这个问题就需要在输入第二个数（除数）时进行判断是否为 0，进而引出选择结构的概念。程序需要进行判断，并根据判断的结果确定程序执行的方向，这样的程序结构称之为选择结构。

第 1 部分中程序的算法如下。

（1）输入第一个数（被除数）。
（2）输入第二个数（除数）。
（3）判断除数如果为 0，打印"除数不能为 0"。
（4）判断除数如果不为 0，计算并打印结果。

其中步骤（3）和（4）可以借助流程图帮助学生理解选择结构，如图 5-3 所示。

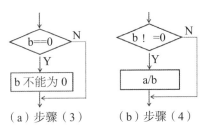

（a）步骤（3）　　（b）步骤（4）

图 5-3　流程图

图 5-3 中只有一个分支上有语句的选择结构称之为单分支结构。实现选择结构需要使用 if 语句，实现单分支选择结构的 if 语句格式如下。

if＜条件表达式＞：
　　＜代码块＞

条件表达式是进行判断的条件，可以分为两类：关系表达式和逻辑表达式，条件表达式的值是一个布尔值，条件表达式的末尾要有一个冒号；代码块是一行或放在一起的多行代码，是当条件表达式的结果为 True（真）时要执行的代码，如果条件表达式的结果为 False（假）时不执行的代码块中的代码，在 Python 中通过将代码缩进 4 个空格（英文状态下）构成代码块。

教材中程序代码如下。

a=eval(input("a="))
b=eval(input("b="))
if b==0:
　　print(" 出错啦 !b 不能为零！ ")
if b!=0:
　　print("a/b=",a/b)

这样程序就可以正常计算两个数相除的结果了，程序运行效果如图 5-4 所示。

图 5-4　两个数相除的运行结果

第 2 部分将第 1 部分的计算除法程序改为另一种算法。
（1）输入被除数。
（2）输入除数。
（3）判断如果除数为 0，打印"除数不能为 0"，否则计算并打印结果。
步骤（3）的流程图如图 5-5 所示。

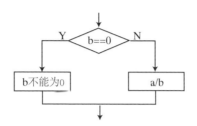

图 5-5　分支结构流程图

除数的判断只有两种情况，除数为 0 或不为 0，除数为 0 显现一句话"除数不能为 0"，除数不为 0 则进行除法计算。图 5-5 中这种选择结构在两个分支上都有代码块，称之为双分支选择结构。实现双分支选择结构的 if 语句格式如下。

if＜条件表达式＞：
　　＜代码块 A＞
else：
　　＜代码块 B＞

if（如果）条件为 True（真）执行代码块 A，else（否则）执行代码块 B。

教材中程序代码如下。

```
a=eval(input("a="))
b=eval(input("b="))
if b==0:
    print(" 出错啦 ?b 不能为零！ ")
else:
    print("a/b=",a/b)
```

程序运行效果如图 5-6 所示。

图 5-6 输出程序运行结果

在教材"3.组合判断"中列举了一个多个 if 语句嵌套的例子，程序代码如下所示。

```
import turtle
t = turtle.Pen()
choice=input(" 请选择：1. 三角形 2. 圆形 3. 正方形：")
if choice=='1':
    for x in range(3):
        t.forward(90)
        t.left(120)
else:
    if choice=='2':
        t.circle(90)
    else:
        if choice=='3':
            for x in range(4):
                t.forward(90)
                t.left(90)
        else:
            print(" 出错啦！只能输入 1~3。")
```

程序运行效果如图 5-7 所示。

在程序中出现了多个 if...else...嵌套，多个 if 语句嵌套使用时可以判断多个条件。在教学中教师要引导学生观察分析程序，使学生能够发现并需要注意在每个 if 语句中代码块的缩进。上面程序写起来有些复杂，介绍一种更简单的方法 if…elif…语句，elif 是 else 和 if 的结合，语句格式如下。

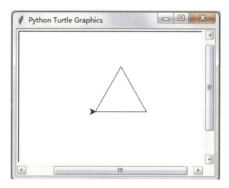

图 5-7　程序运行结果

if＜条件 1＞：
　　当＜条件 1＞为真时执行的语句
elif＜条件 2＞：
　　当＜条件 2＞为真时执行的语句
elif＜条件 3＞：
　　当＜条件 3＞为真时执行的语句
…
else：
　　所有条件都不成立时执行的语句

使用 if…elif…语句修改后的程序代码如下。

```
import turtle
t = turtle.Pen()
choice=input(" 请选择：1. 三角形 2. 圆形 3. 正方形："")
if choice=='1':
    for x in range(3):
        t.forward(90)
        t.left(120)
elif choice=='2':
    t.circle(90)
```

```
elif choice=='3':
    for x in range(4):
        t.forward(90)
        t.left(90)
else:
    print(" 出错啦！只能输入 1~3。")
```

2. 关于 random

在教材中，第 5 课的"4.猜数字"要编写一个猜数字程序，随机产生 1~100 的随机数，然后让同学来猜这个数到底是多少？在教材中程序代码如下。

```
import random
my_number=random.randint(1,100)
print(" 猜一猜我想的这个数字是多少（1~100）")
finish=False
count=0
while finish==False:
    count+=1
    guess=int(input(" 请猜："))
    if guess==my_number:
        print(" 祝贺你！你猜中了！ ")
        finish=True
    elif guess>my_number:
        print(" 你猜的太大了！ ")
    else:
        print(" 你猜的太小了！ ")
print(" 你一共猜了 ",count," 次。")
```

random 是 Python 中产生随机数的库，random 库中有很多产生随机数的命令，其中 randint 命令的作用是产生指定序列内的随机整数，具体使用方法如下。

```
import random
my_number=random.randint(1,100)
```

代码 import random 的作用是调用 random 模块。

代码 my_number=random.randint(1,100) 的作用是将产生的随机整数赋值给变量 my_number，括号中的数字是产生随机数的范围，并且是可以取到这两个数的。

程序中设置了三个变量 finish、count 和 guess，变量 finish 的初始值为布尔值 False，作为循环的条件，当 finish==False 时表示还没有猜中数字，则进行循环开始猜数，当猜中后将布尔值 True 赋值给变量 finish，这时将不再满足循环的条件，则退出循环不进行猜数；变量 count 是记录猜数的次数，每循环一次，就代表猜一次数字，count 加 1，在代码中用 count+=1 表示，这种表示形式同 count=count+1 的作用是相同的；变量 guess 用于记录输入的数字，猜的数字有三种情况:猜中了、猜大了、猜小了，是一个多个条件的判断，可以使用 if…elif…语句来实现。

猜数过程如图 5-8 所示。

```
== RESTART: C:/Users/gloud/AppData/Local/Programs/Python/Python36/guess.py ==
猜一猜我想的这个数字是多少（1-100）
请猜：50
你猜的太小了！
请猜：75
你猜的太大了！
请猜：60
你猜的太大了！
请猜：55
你猜的太大了！
请猜：52
你猜的太小了！
请猜：54
祝贺你！你猜中了！
你一共猜了 6 次。
>>>
```

图 5-8　猜数字游戏运行结果

3. 关于 int

int 函数用于将一个字符串或数字转换为整数类型。例如在教材中"4.猜数字"程序中的代码：guess=int(input(" 请猜："))的目的是将输入的字符串转换为整数类型后赋值给变量 guess。教学时教师要告知学生 input 函数获得的键盘输入内容是字符串类型，例如按数字键 5，输入数字 5 是一个字符，而不是一个数字类型，它是不能进行算术运算或者和数字进行关系比较的。

五、关于练习

（1）在上面的猜数字程序中，如果玩家输入的数字大于100或者小于0，请提醒"你输入的数超出了范围！"。

针对这个问题只需在if语句中再增加一个超出范围的判断条件，如果输入的数大于100或者小于0，那么就提示"你输入的数超出了范围！"。但是这里需要注意的是条件添加的位置，if语句判断多个条件是有顺序的，正确的顺序如图5-9所示。

```
if guess==my_number:         条件1
    猜中了
elif guess>100 or guess<0:   条件2
    超出范围
elif guess>my_number:        条件3
    猜大了
else:
    猜小了
```

图5-9 判断多个条件的顺序

如果将条件2和条件3的elif语句交换顺序，例如输入数字103，程序会首先执行条件3的语句，会提示"你猜的太大了！"，不会提示"你输入的数超出了范围！"。可以让学生将这几种情况都试一试。

修改后的程序代码如下。

```
import random
my_number=random.randint(1,100)
print("猜一猜我想的这个数字是多少（1~100）")
finish=False
count=0
while finish==False:
    count+=1
    guess=int(input("请猜："))
    if guess==my_number:
        print("祝贺你！你猜中了！")
        finish=True
```

```
    elif guess>100 or guess<0:
        print(" 你输入的数超出了范围！ ")
    elif guess>my_number:
        print(" 你猜的太大了！ ")
    else:
        print(" 你猜的太小了！ ")
print(" 你一共猜了 ",count," 次。")
```

程序运行效果如图 5-10 所示。

```
猜一猜我想的这个数字是多少（1~100）
请猜：50
你猜的太小了！
请猜：105
你输入的数超出了范围！
请猜：-5
你输入的数超出了范围！
请猜：80
你猜的太大了！
请猜：70
你猜的太大了！
请猜：60
你猜的太小了！
请猜：65
你猜的太小了！
请猜：68
你猜的太小了！
请猜：69
祝贺你！你猜中了！
你一共猜了 9 次。
```

图 5-10　猜数程序运行结果

（2）写段程序，请用户输入 1~7 的一个数字，输入 1 就打印出“星期一”，输入 2 就打印出“星期二”，以此类推。

这是一个多个条件进行判断的程序，可以使用 if…elif…语句，程序代码如下。

```
num=input(" 请输入 1~7 的一个数字 ")
if num=="1":
    print(" 星期一 ")
elif num=="2":
    print(" 星期二 ")
elif num=="3":
    print(" 星期三 ")
elif num=="4":
    print(" 星期四 ")
```

```
    elif num=="5":
        print("星期五")
    elif num=="6":
        print("星期六")
    elif num=="7":
        print("星期日")
    else:
        print("请输入1~7的一个数字")
```

在程序中需要设置一个变量 num 来存储输入的数字，这里要注意输入的数字是字符型的，在设置判断条件时要考虑到数据类型，例如要将判断条件写成 num=="1"，使等号左右两边都是字符型。

也可以使用 eval 或 int 函数将输入的数字转换为数值，那么判断条件就可以写成 num==1 了，程序代码如下。

```
    num=input("请输入1~7的一个数字:")
    num=eval(num)
    if num==1:
        print("星期一")
    elif num==2:
        print("星期二")
    elif num==3:
        print("星期三")
    elif num==4:
        print("星期四")
    elif num==5:
        print("星期五")
    elif num==6:
        print("星期六")
    elif num==7:
        print("星期日")
    else:
        print("请输入1~7的一个数字:")
```

六、本课相关资料介绍

1. 选择结构

算法结构包括顺序结构、选择结构和循环结构。程序需要进行判断，并根据判断的结果确定程序执行的方向，这样的算法结构称之为选择结构（分为单分支结构和双分支结构），如图5-11所示。

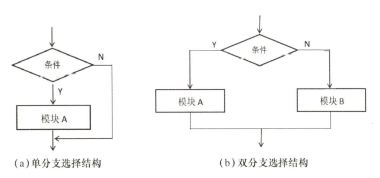

(a) 单分支选择结构　　　　(b) 双分支选择结构

图 5-11　流程图

2. random 模块常用命令

（1）random.random：random.random() 用于生成一个 0~1 的随机浮点数，即 n 为 0 <= n < 1.0。

（2）random.uniform：random.uniform() 用于生成一个指定范围内的随机浮点数，两个参数，其中一个是上限，一个是下限。例如 random.uniform(a, b)，如果 a > b，则生成的随机数 n 为 a <= n <= b；如果 a < b，则生成的随机数 n 为 b <= n <= a。

（3）random.randrange：random.randrange([start], stop[, step])，从指定范围内，按指定基数递增的集合中获取一个随机数。如 random.randrange(10, 100, 2)，结果相当于从 [10, 12, 14, 16,..., 96, 98] 序列中获取一个随机数。

第 6 课　循环往复

一、教学目标和教学要求

（1）理解双重循环控制图形输出的算法。
（2）熟练掌握循环结构。
（3）学会建立行、列、每行打印字符位置之间的关系。
（4）学会使用双重循环结构打印乘法口诀表。

二、教学重点和难点

教学重点：
（1）理解双重循环控制图形输出的算法。
（2）学会建立行、列、每行打印字符位置之间的关系。
教学难点：
（1）理解双重循环控制图形输出的算法。
（2）学会使用双重循环结构打印乘法口诀表。

三、教材内容分析与教学建议

本课共分为 4 部分，建议分三课时教学。

第一课时：包括第 1 部分和第 2 部分内容。

第 1 部分：理解循环嵌套。

通过打印星星程序的引入，激发学生学习兴趣，引导学生理解双重循环。

第 2 部分：编写打印星星程序。

尝试编写打印星星程序，为打印乘法口诀表做铺垫。

第二课时：包括第 3 部分内容。

第 3 部分：编写打印乘法口诀表程序。

通过分析得出此程序用到双重循环，外层循环和内层循环的作用。

第三课时：包括第 4 部分内容。

第 4 部分：编写寻找素数和学生成绩单程序。

本课为教材第 2 课内容的延伸与拓展，在第 2 课中，学生初步学习了循环结构知识，让小海龟走正方形。

本课学习内容是双重循环，以单重循环为基础，用双重循环控制图形的输出。外层循环控制行数，内层循环控制列数，打印乘法口诀表需要灵活设置内外层循环的范围，所以学习本课内容对学生理解循环的嵌套有重要作用。通过动手操作完成九九乘法口诀表的打印，让学生体验编程的乐趣，培养学生自主学习能力。

在实际教学中，可以通过动画演示图形的打印过程，借助表格学生可以直观地观察变量 i 和变量 j 的关系。可以通过自学材料、小组讨论等方式引导学生自主学习，培养学生探究学习能力和团队合作意识。由于打印乘法口诀表比较复杂，第一课时先要学习打印星星图形。

因此，教学可以按以下几个层次进行。

第 1 部分，回顾第 2 课知识，怎样让小海龟自动画一个正方形？在生活中还有哪些循环的例子？本节课学习利用循环结构打印以下图形（引出本课学习内容——双重循环，激发学生的学习兴趣）。

图 6-1　阶梯 "*" 图形

分析阶梯"*"图形过程如下。

（1）找规律。

图形一共有几行？每行有几个"*"呢？学生找规律，可以分析出第1行有1个"*"，第2行有两个"*"，第3行有3个"*"，……利用动画演示打印图形过程，帮助学生理清思路。

（2）设变量。

设置两个变量，分别控制行数和列数，i为第几行，j为第几列，如图6-2所示。

i	j				
1	1				
	*				
2	1	2			
	*	*			
3	1	2	3		
	*	*	*		
4	1	2	3	4	
	*	*	*	*	
5	1	2	3	4	5
	*	*	*	*	*

图6-2　设置变量i和j

通过填写表格，理解外层循环变量i的变化范围为1~5，变量j的变化范围为1~i。

（3）画流程图。

打印星星的程序，其流程图如图6-3所示。

（4）理解循环嵌套（参见第4课讲授的循环结构）。

Python语言允许在一个循环体里面嵌入另一个循环。

循环里面可以嵌套一个循环，叫作多重循环。多重循环中最简单的就是双重循环。

第2部分，分析代码，编写打印星星程序。

程序有两层循环：第一层循环（也称外循环），控制的是打印的行数；

第二层循环（也称内循环），是让计算机从第1列打印到第i列，得出以下代码。

```
for i in range(1,6):              # 外循环
    for j in range(1,i+1):        # 内循环
        prin t("*",end="")        # 打印*，不要空格
    print()
```

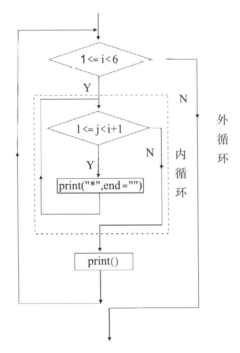

图6-3 打印星星流程图

第3部分，编写打印乘法口诀表程序。

根据第一课时已有经验，引导学生分析乘法口诀表打印规律。可以采用小组合作的方式，填写表格如图6-4所示。

分析得出：这个程序一共有两层循环：第一层循环（也称外循环）是for i in range(10)，共循环9次，i的值从0变到9，目的是让计算机从第0行显示到第9行，一共显示10次；第二层循环（也称内循环）是for j in range(1,i+1)，让计算机从第1列显示到第i列。每列显示的内容是j*i，代码如下。

	i	j								
		j*i								
第1行	1	1								
		1*1								
第2行	2	1	2							
		1*2	2*2							
第3行	3	1	2	3						
		1*3	2*3	3*3						
第4行	4	1	2	3	4					
		1*4	2*4	3*4	4*4					
第5行	5	1	2	3	4	5				
		1*5	2*5	3*5	4*5	5*5				
第6行	6	1	2	3	4	5	6			
		1*6	2*6	3*6	4*6	5*6	6*6			
第7行	7	1	2	3	4	5	6	7		
		1*7	2*7	3*7	4*7	5*7	6*7	7*7		
第8行	8	1	2	3	4	5	6	7	8	
		1*8	2*8	3*8	4*8	5*8	6*8	7*8	8*8	
第9行	9	1	2	3	4	5	6	7	8	9
		1*9	2*9	3*9	4*9	5*9	6*9	7*9	8*9	9*9

图 6-4 填写乘法口诀表

```
for i in range(10):              # 外循环
    for j in range(1,i+1):       # 内循环
        print(j,end="")          # 显示列号，不要空格
        print("*",end=" ")       # 显示乘号
        print(i,end="")          # 显示行号
        print("=",end=" ")       # 显示等于号
        print(j*i,end=" ")       # 显示乘积
        print(" ",end=" ")       # 显示空格
    print()                      # 换行
```

练习：思考以下代码能不能打印乘法口诀表。

```
for i in range(1,10):
    for j in range(1,10):
        print("{}*{}={}".format(i,j,j*i))
```

第 6 课 循环往复

第 4 部分，编写寻找素数程序和学生成绩单程序。

通过前面的学习，学生已经掌握了双重循环结构，会设置循环变量，下面编写两个程序巩固一下所学知识。

编写素数程序分析如下。

素数是只能被自己和 1 整除的数，寻找 100 以内素数，也要用到双重循环。外循环中循环变量范围为 2~100，其中每一个数都要检查一遍。内循环中循环变量范围为 2~i，检查 i 是否能被其他数整除，我们用一个 flag 变量来标识一个数是不是素数。首先我们将它的初始值设置为 True，如果一旦发现它不是素数，我们就把 flag 设置为 False，并且用 break 语句直接退出内层循环。

学生成绩单程序分析如下。

代码中定义了一个名为 scores 的列表，它记录了很多学生的学号、姓名和三门课的成绩。然后，我们针对每位学生，计算了三门课的总分，并把总分添加到该学生的列表中。程序也用到双重循环，外循环是遍历列表中每一位学生，内层循环是循环三次，三科成绩相加。

教材中练习题分析

（1）10000 以内素数，只需要更改外循环中循环变量的范围即可。

（2）student.append(total/3)。

四、本课相关资料介绍

format 命令是用来格式化字符串，可以通过 {}.format 来实现。在下面案例中，将 i、j、j*i 的值分别放入前面的 {} 中，然后统一格式。

```
for i in range(1,10):
    for j in range(1,10):
        print("{}*{}={}".format(i,j,j*i))
```

format 的解释如下所示。

>>>"{} {}".format("hello","world")
      #不设置指定位置，按默认顺序 'hello world'

```
>>>"{0} {1}".format("hello","world")      # 设置指定位置 'hello world'
>>>"{1} {0} {1}".format("hello","world")  # 设置指定位置 'world hello world'
```

下表展示了str.format() 格式化数字的多种方法，如表 6-1 所示。

表6-1　str.format() 格式化数字的多种方法

序　号	格　式	输　出	描　述
1	3.1415926	{:.2f}	3.14
2	3.1415926	{:+.2f}	+3.14
3	-1	{:+.2f}	-1.00
4	2.71828	{:.0f}	3
5	5	{:0>2d}	05
6	5	{:x<4d}	5xxx
7	10	{:x<4d}	10xx
8	1000000	{:,}	1,000,000
9	0.25	{:.2%}	25.00%

第7课 电报

一、教学目标和教学要求

（1）知道字母对应的ASCII编码。
（2）学会upper、ord、chr函数的作用及使用方法。
（3）学会用选择结构和循环结构共同编写收发电报程序。

二、教学重点和难点

教学重点：
能用选择结构和循环结构共同编写收发电报程序。
教学难点：
能用选择结构和循环结构共同编写收发电报程序。

三、教材内容分析与教学建议

本课共分为3部分，建议分两课时教学。
第一课时：
第1部分：编写字符和ASCII码转换程序。
第2部分：编写发电报程序、编写收电报程序。

第二课时：

第3部分：编写收发电报程序。

通过前面几课的学习，学生已经初步掌握了选择结构和循环结构的使用方法。本节课需要综合运用循环结构和选择结构编写一个收发电报的程序。

教学可以按以下几个层次进行。

第1部分，通过猜谜语的游戏引入，用课件等方式介绍ASCII编码。

信息编码就是采用某种原则或方法编制代码来表示信息。目的是为了能对信息进行有效的处理，有时也是为了信息加密。

思考以下几个问题。

大写字母对应的ASCII编码是多少？小写字母对应的ASCII编码是多少？有什么规律？

编写程序，编写字符和ASCII码转换程序。

这里介绍一个ord()函数，ord()函数的基本格式是，()里只能有一个字符，通过这个函数可以得到这个字符ASCII数值。

让学生尝试编写程序：显示a、b、c和A、B、C的ASCII码，代码如下。

```
print(ord('a'))
print(ord('b'))
print(ord('c'))
print(ord('A'))
print(ord('B'))
print(ord('C'))
```

得到如下运行结果。

```
97
98
99
65
66
67
>>>
```

第 2 部分，编写发电报程序、编写收电报程序。

发电报程序分析：要想把输入的英文转换为摩尔斯电码，需要把每个字母进行转换。因为一句话包含大写字母和小写字母，所以如果把输入的字母先转换为大写字母，这样验证一遍即可。程序需要遍历每个字符，可以用 ord() 函数将字符转换为 ASCII 数值。得到的数值减去 ord（'A'）（A 对应的 ASCII 数值为 65），就表示 'A' 之后的第几个字母，也就是说，value 表示这个字符在字母表里的顺序，如果这个字符是一个大写字母，把对应的摩尔斯电码输出。

怎样才能把输入的字母转换为大写呢？这里介绍一下 upper() 函数。upper() 函数可以将 () 内的字符串转换为大写字母，其中字母转换为大写字母，其他字符不变。怎样知道输入的每个字母的摩尔斯电码呢？输入的字符串如果是 message，使用循环语句遍历 message 每一个字符。

字符串是字符的一个集合，因此，在 Python 中使用一个 for 循环来遍历字符串，就可以将字符串分解为单个的字符。在这里，letter 将遍历字符串 message 中每一个字符，代码如下。

```
message=input(" 请输入英文 :")    # 输入要转换的英文
message=message.upper()           # 把输入的字符转换为大写
code=[".-","-...","-.-.","-..",".","..-.","--.","....","..",".---","-.-",".-..","--","-.","---",".--.","--.-",".-.","...","-","..-","...-",".--","-..-","-.--","--.."]
output=""
for letter in message:            # 循环，遍历每一个字符
    value=ord(letter)-ord('A')    # 将字符的顺序值赋值给 value
    if value>=0 and value<26:     # 判断字符是否为大写字母
        output+=code[value]+" "
                                  # 将这个字符对应的摩尔斯电码赋值给 output
    else:
        output+=" "
print(" 摩尔斯电码是：",output)
```

在教材中提供了一个网址（http://www.zhongguosou.com/zonghe/moErSiCodeConverter.aspx），可以访问该网址对程序结果进行验证。

收电报程序分析如下。

输入电报时每一个完整的摩尔斯电码用空格隔开，遍历每一个字符，如果输入的字符不是空格，把输入每一个字符连接起来，得到字符串 chars；如果输入的是空格，说明已经输入了一个摩尔斯电码，在 code[] 列表中查找 chars 对应的字母序号，chr() 函数返回对应序号的字母，并且把 chars 清空以便保存下一段电码。

chr() 这个函数将一个数值转换为相对应的字符。

```
code=[".-","-...","-.-.","-..",".","..-.","--.","....","..","---","-.-",".-..","--","-.",
      "---",".--.","--.-",".-.","...","-","..-","...-",".--","-..-","-.--","--.."]
message=input(" 请输入电报 :")        # 输入电报内容
message+=" "                           # 防止电报末尾缺少用作分隔符的空格
chars=""                               # 防止电报末尾缺少用作分隔符的空格
output=""                              # 防止电报末尾缺少用作分隔符的空格
for letter in message:                 # 遍历输入的每个字符
    if letter!=" ":                    # 如果输入的字符不是空格
        chars=chars+letter             # 把字符和前面的字符相连
    else:                              # 如果输入为空格
        for index in range(26):        # 循环 26 次
            if code[index]==chars:     # 如果 chars 和列表中第 index 个内容相等
                output+= chr(ord('A')+index)
                # index 是第几个字母，加上 ord('A') 得到这个字母的 ASCII 码
                # chr() 可以把括号里的 ASCII 码转换为相应字符
        chars=""
print(" 英语原文是： ",output)
```

第 3 部分：编写收发电报程序。

发电报程序和收电报程序都编写好了，下面编写一个收发电报程序，让用户自己选择是要收电报还是发电报。我们定义了两个函数：encode(message) 用于把输入的 message 转换并返回对应的电报；decode(message) 用于把输入的 message 转换并返回对应的英文。运行程序时，如果用户选择输入 1，是发电报程序，如果选择 2，是收电报程序。在这个程序中，有一点改进，就是用户在收发电报时可以输入空格，程序在输出时也会有空格。

四、本课相关资料介绍

每个字母、数字和符号存储到计算机时，都需要转换为一个数字值。目前在计算机中用得最广泛的字符集及其编码，是由美国国家标准局（ANSI）制定的 ASCII 码（American Standard Code for Information Interchange，美国标准信息交换码）。基本的 ASCII 字符集共有 128 个字符，其中有 96 个可打印字符，包括常用的字母、数字、标点符号等，另外还有 32 个控制字符。

字母和数字的 ASCII 码的记忆是非常简单的。我们只要记住了一个字母或数字的 ASCII 码（例如记住 A 的 ASCII 码为 65，0 的 ASCII 码为 48），知道相应的大小写字母差 32，就可以推算出其余字母、数字的 ASCII 码，如表 7-1 所示。

表 7-1　字母与数字关系的 ASCII 码

ASCII 码	键盘	ASCII 码	键盘	ASCII 码	键盘	ASCII 码	键盘
27	ESC	47	/	63	?	79	O
32	SPACE	48	0	64	@	80	P
33	!	49	1	65	A	81	Q
34	"	50	2	66	B	82	R
35	#	51	3	67	C	83	S
36	$	52	4	68	D	84	T
37	%	53	5	69	E	85	U
38	&	54	6	70	F	86	V
39	'	55	7	71	G	87	W
40	(	56	8	72	H	88	X
41	)	57	9	73	I	89	Y
42	*	58	:	74	J	90	Z
43	+	59	;	75	K	91	[
44	,	60	<	76	L	92	|
45	-	61	=	77	M	93	]
46	.	62	>	78	N	94	^

续表

ASCII 码	键盘	ASCII 码	键盘	ASCII 码	键盘	ASCII 码	键盘
95	_	103	g	111	o	119	w
96	`	104	h	112	p	120	x
97	a	105	i	113	q	121	y
98	b	106	j	114	r	122	z
99	c	107	k	115	s	123	{
100	d	108	l	116	t	124	|
101	e	109	m	117	u	125	}
102	f	110	n	118	v	126	~

ord() 函数，它以一个字符（长度为 1 的字符串）作为参数，返回对应的 ASCII 码数值。例如：

>>>ord('a')

chr() 函数：该函数用于将 ASCII 码数值转化为字符串，其函数声明如下。

string chr (int ascii);

第8课 画笔

一、教学目标和教学要求

（1）了解 pygame 模块，会安装和导入。
（2）理解在 pygame 中颜色的表示方法。
（3）理解在 pygame 中相关命令，会编写画笔程序。

二、教学重点和难点

教学重点：
理解在 pygame 中相关命令，会编写画笔程序。
教学难点：
理解在 pygame 中相关命令，会编写画笔程序。

三、教材内容分析与教学建议

本课共分为两部分，建议用1课时教学。
第1部分：理解 pygame，会安装和导入，编写用点绘画程序。
第2部分：编写连笔画程序。

在第 2 课中，我们让小海龟绘图，但是 turtle 库太慢了以至于无法大量的动画或移动对象。本课我们将安装并使用一个新的模块 pygame 来绘制图形。

教学可以按以下两个部分进行。

1. 第 1 部分：用点绘画

（1）理解 pygame，学会安装和使用。pygame 和 turtle 库一样，也是可视化的。如果已经按照教材中第 1 课第 2 节的方法安装过 Python 安装包。我们可以通过在 Python Shell 中输入如下命令来检查 pygame 是否正确安装了。

>>> import pygame

如果得到了常规的"》》》"提示符作为回应，那么我们知道 Python 能够正确地找到 pygame 模块并且可以使用它。

（2）用点绘画。这部分要用到颜色，可以用 RGB 函数来表示颜色。

（3）了解什么是三原色？世界上所有颜色都是由红、绿、蓝三种颜色组合而成的，因此它们被称为三原色，简称为 R、G、B，它们的深浅用 0~255 表示。

举例：(255,0,0) 代表红色，即红色分量为 255，绿色和蓝色分量为 0。

分析程序的运行过程：单击鼠标时在鼠标按下的位置以 15 像素为半径画一个红色实心圆，当单击"关闭"按钮时关闭程序，程序代码如下。

```
import pygame
pygame.init()
screen=pygame.display.set_mode([800,600])
pygame.display.set_caption(" 单击鼠标来画画 ")
UnFinished=True
red=(255,0,0)
while UnFinished:
    for event in pygame.event.get():
        if event.type==pygame.QUIT:
```

```
        UnFished=False
        if event.type==pygame.MOUSEBUTTONDOWN:
            pygame.draw.circle(screen,red,event.pos,15)
    pygame.display.update()
pygame.quit()
```

我们一行一行浏览程序。第 1 行我们导入了 pygame。第 2 行初始化 pygame，每次想使用 pygame 时，都有调用 pygame.init()，它总是出现在 import pygame 命令之后。第 3 行创建了一个宽 800 像素、高 600 像素的显示窗口，第 4 行显示窗口名称。第 5 行设置一个变量表示是否结束。第 6 行定义 red 变量。从第 7 行开始是一个循环结构，当 UnFinished 为 True 时，进入循环。

当获取的事件为关闭时，变量 UnFinished 赋值 False，退出循环。当获取的事件为按下鼠标时，在鼠标按下的位置画一个半径为 15 像素的圆。while 循环为游戏循环，它将持续运行 pygame 窗口，直到用户选择退出，for 循环用来处理用户能够在程序中触发所有交互事件。我们要检查两个事件，当用户单击"关闭"按钮，退出循环；当用户在屏幕上单击鼠标，就在单击位置画圆。

pygame.draw.circle 有四个参数，分别是画圆的颜色、圆心坐标和半径。最后，当用户退出游戏循环时，pygame.quit 命令清除 pygame 模块并且关闭 screen 窗口，以便程序能正常退出。

这个程序允许用户每次单击绘制一个点，如果想拖动鼠标连续绘制，请学生分析程序运行过程，进入第 2 部分的学习。

2. 第 2 部分：连笔画

下面创建一个更加自然的连笔画程序，它允许用户单击并拖曳来平滑地绘制，就像使用笔刷一样。在上一个用点绘制的程序中，只是在鼠标单击的位置画一个实心圆，要连续的绘制，需要理解 MOUSEBUTTONDOWN 和 MOUSEBUTTONUP 两个事件。我们想要将单击鼠标按钮分为按下和释放，以便能够知道什么时候是鼠标拖动，而什么时候只是移动鼠标而按钮没有被按下。要做到这一点的一种方式是,使用另一个布尔类型的标志变量。当用户按下鼠标按钮时,可以将一个名为 mousedown 的变量设置为 True,而当用户释放了鼠标按钮时,将其设置为 False。

游戏循环的代码如下。

```
import pygame
pygame.init()
screen=pygame.display.set_mode([800,600])
pygame.display.set_caption(" 按住鼠标左键并拖动来画画 ")
red=(255,0,0)
mousedown=False
UnFinished=True
while UnFinished:
    for event in pygame.event.get():
        if event.type==pygame.QUIT:
            UnFinishe=False
        if event.type==pygame.MOUSEBUTTONDOWN:
            mousedown=True
        if event.type==pygame.MOUSEBUTTONUP:
            mousedown=False
    if mousedown:
        spot=pygame.mouse.get_pos()
        pygame.draw.circle(screen,red,spot,15)
    pygame.display.update()
pygame.quit()
```

这个程序和用点绘制程序的区别是,当用户是否按下鼠标时,将 mousedown 设置为 True,而不是立即绘制,这是程序需要开始绘制的标志。if 语句检查用户是否释放了鼠标按钮,如果是,mousedown 修改为 False,也就是说释放鼠标按钮时停止绘画。

四、本课相关资料介绍

1. pygame

pygame 是一组用来开发游戏软件的 Python 程序模块,基于 SDL 库的基础上开发。允许你在 Python 程序中创建功能丰富的游戏和多媒体程序,pygame 是一个高可移植性的模块可以支持多个操作系统,用它来开发小游戏非常适合。

在 pygame 中,我们通过 pygame.event.get() 来获取用户执行的事件的一个列表,从而处理事件。这些事件可能是单击鼠标、按下按键或者用户关闭窗口。

2. 颜色表示

在 pygame 中,颜色是以 RGB 值指定的。这种颜色由红色、绿色和蓝色值组成,其中每个值的取值范围都为 0~255。颜色值 (255, 0, 0) 表示红色、(0, 255, 0) 表示绿色、(0, 0, 255) 表示蓝色。通过组合不同的 RGB 值,可创建 1600 万种颜色。在颜色值 (230, 230, 230) 中,红色、绿色和蓝色值相同,它将背景设置为一种浅灰色。

第9课 调色板

一、教学目标和教学要求

（1）了解屏幕坐标的概念，知道坐标的表示形式。
（2）学会使用 rect 函数绘制矩形。
（3）认识列表数据类型及其使用方法。

二、教材内容分析

本课分为两部分，用两个课时进行教学。
第一课时：
第 1 部分：编写调色板程序，单击色块设置画笔颜色。
第二课时：
第 2 部分：完善调色板程序，设置画笔涂画区域。
教学过程分析：

第 1 部分，回顾上节课连笔画程序提出的问题：是否能按照自己选择的颜色编写画板程序呢？由此引出本课新的学习内容——编写调色板程序，学习有关坐标、元组数据类型、绘制矩形等相关知识，进一步激发学生探究 pygame 库的兴趣。

第 2 部分，将优化第 1 部分的调色板程序，按照一定的需要进行涂画区域的填充，避免在屏幕中的色块被画笔覆盖，将调色板的色块区域保护起来。

三、教学重点和难点

教学重点：
（1）了解屏幕坐标的概念，知道坐标的表示形式。
（2）学会使用 rect 函数绘制矩形。

教学难点：
（1）能够根据坐标判定色块颜色、设定画笔区域。
（2）了解什么是元组数据类型。

四、教学建议

1. 关于教学内容

第 1 部分的调色板程序有四种不同颜色的色块，用鼠标在色块上单击一下，画笔就设置为该种颜色，如图 9-1 所示。

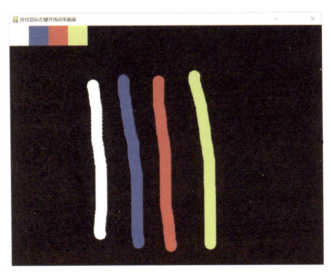

图 9-1　只有四种颜色的调色板

要想在屏幕的左上角绘制四种不同颜色矩形色块，需要知道这四个矩形色块在屏幕上的位置。位置用坐标的形式来表示，坐标由两个数字组成，表示形式为（x, y），垂直向下为 y（称为 y 轴），水平向右为 x（称为 x 轴）。规定屏幕左上角的点为原点，坐标为（0,0），如图 9-2 所示。

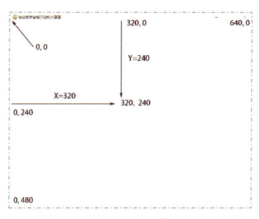

图 9-2　理解屏幕坐标

确定了色块的位置后就可以使用 pygame.draw 模块中的 rect 命令来绘制矩形，rect 命令的使用方法与在前面课程中绘制圆的 circle 命令相似，具体格式如下。

pygame.draw.rect(surface, color, Rect, width=0)

括号中参数的意义如下。

◆ surface：surface 是平面的意思，指绘制的图形在哪个平面呈现，对于当前的程序 surface 参数为 screen。

◆ color：color 参数是线条（或填充）的颜色，这里使用 RGB 模式的颜色。RGB 颜色是一种色光表色模式,将红（R）、绿（G）、蓝（B）三种色光进行叠加混合就可以得到各种不同的颜色。每种颜色对应一个 0~255 的数值，0 表示色光最暗，255 表示色光最亮，表示颜色的方法如下。

使用三种颜色的数值就可以表示各种不同的颜色，在程序中四种颜色的数值如下。

white=(255, 255, 255)
red=(255, 0, 0)
yellow=(230, 230, 50)
blue=(0, 0, 255)

◆ Rect：Rect 的形式是 (x, y, width, height)，表示所绘制矩形的区域，其中 x, y 是矩形的坐标，width 和 height 表示的是矩形的宽度和高度。

◆ width：width 表示线条的粗细，单位为像素；默认值为 0，也就是没有线条，使用颜色填充矩形内部。

下面就是一个绘制矩形的代码，如图 9-3 所示。

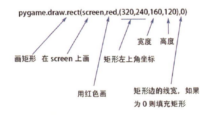

图 9-3　绘制矩形代码

绘制的矩形效果如图 9-4 所示。

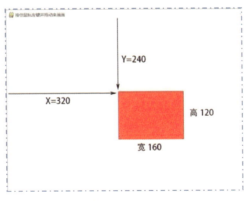

图 9-4　绘制的矩形效果

在调色板程序中四种色块的坐标、宽度、高度，如图 9-5 所示。

图 9-5　调色板四种色块的坐标值

绘制四种色块的代码如下。

pygame.draw.rect(screen,white,(0,0,50,50),0)
pygame.draw.rect(screen,blue,(50,0,50,50),0)
pygame.draw.rect(screen,red,(100,0,50,50),0)
pygame.draw.rect(screen,yellow,(150,0,50,50),0)

色块绘制出来后，接下来要设置画笔颜色。程序不像我们人类有眼睛来区分颜色，程序是通过坐标来区分颜色，当鼠标单击色块时获取鼠标的位置坐标，依次与四种色块的坐标区域进行比较，进而判定出鼠标单击选择的那个色块。

使用 pygame.mouse.get_pos() 获得鼠标指针当前的位置，返回的值为元组类型，即为 (x,y)。在 Python 中元组与列表类似，不同之处在于元组的元素不能修改，而列表的元素可以进行删除、添加、修改等操作。元组使用小括号，列表使用方括号，例如坐标 (x,y) 和 RGB 颜色 (255,255,0) 都属于元组类型。元组创建很简单，只需要在括号中添加元素，并使用逗号隔开即可。访问元组中的元素也与列表类似，使用索引来访问元组中的值，如下所示。

代码 spot=pygame.mouse.get_pos() 是将获得的鼠标坐标赋值给 spot，此时 spot=(x,y)。

spot[0] 是 x 坐标，spot[1] 是 y 坐标，如下所示。

$$spot=(\ x\ ,\ y\ )$$

spot[0]　　spot[1]

判定单击选择色块具体情况如图 9-6 所示。

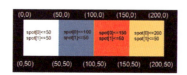

图 9-6　判定单击选择色块具体位置

第 9 课　调色板

完整的程序代码如下所示。

```
import pygame
pygame.init()
screen=pygame.display.set_mode([800,600])
pygame.display.set_caption(" 按住鼠标左键并拖动来画画 ")
mousedown=False
UnFinished=True

# 定义颜色
white=(255,255,255)
red=(220,50,50)
yellow=(230,230,50)
blue=(0,0,255)

# 在屏幕上部画调色板
pygame.draw.rect(screen,white,(0,0,50,50),0)
# 在坐标 (0,0) 位置画个白色的矩形，宽 50 像素，高 50 像素
pygame.draw.rect(screen,blue,(50,0,50,50),0)
# 在坐标 (50,0) 位置画个蓝色的矩形，宽 50 像素，高 50 像素
pygame.draw.rect(screen,red,(100,0,50,50),0)
# 在坐标 (100,0) 位置画个红色的矩形，宽 50 像素，高 50 像素
pygame.draw.rect(screen,yellow,(150,0,50,50),0)
# 在坐标 (150,0) 位置画个黄色的矩形，宽 50 像素，高 50 像素
color=white                          # 画笔的默认颜色是白色
while UnFinished:
    for event in pygame.event.get():
        if event.type==pygame.QUIT:
            UnFinished=False
        if event.type==pygame.MOUSEBUTTONDOWN:
            mousedown=True
        if event.type==pygame.MOUSEBUTTONUP:
            mousedown=False
    if mousedown:                    # 如果鼠标被按下了
```

```
spot=pygame.mouse.get_pos()           # 获取鼠标的位置
                                      # spot[0] 是 x 坐标，spot[1] 是 y 坐标
if spot[0]<=50 and spot[1]<=50:       # 如果是在第一个方块的范围
    color=white                       # 将画笔颜色设置成白色
elif spot[0]<=100 and spot[1]<=50:    # 如果是在第二个方块的范围
    color = blue                      # 将画笔颜色设置成蓝色
elif spot[0]<=150 and spot[1]<=50:    # 如果是第三个方块的范围
    color = red                       # 将画笔颜色设置成红色
elif spot[0]<=200 and spot[1]<=50:    # 如果是第四个方块的范围
    color = yellow                    # 将画笔颜色设置成黄色
pygame.draw.circle(screen, color, spot, 15)
                                      # 只要鼠标被按下，就在 spot 位置以
                                      # color 颜色画半径为 15 像素的圆
    pygame.display.update()
pygame.quit()
```

第 2 部分，将优化第 1 部分的程序，在第 1 部分的调色板程序中，画笔在整个屏幕窗口（包括选色区）都可以涂画，这样就会造成选色区的色块会被遮盖的现象。那么解决的办法就是将屏幕分为选色区和涂画区，如图 9-7 所示。

图 9-7　选色区和涂画区

选色区的高度为 75 像素，当鼠标的 y 坐标大于等于 75 像素时，说明鼠标落在了涂画区，这时可以进行涂画，这样就解决了遮盖选色区色块的问题。除此之外，在教材中的程序还增加了选色区的颜色，添加了 cyan、black、purple 三种颜色，并且将屏幕背景颜色设置为白色。

完整的程序代码如下。

```
import pygame
pygame.init()
screen=pygame.display.set_mode([800,600])
pygame.display.set_caption(" 按住鼠标左键并拖动来画画 ")
radius=15
mousedown=False
UnFinished=True

white=255,255,255
red=255,0,0
yellow=255,255,0
black=0,0,0
blue=0,0,255
green=0,128,0
purple=128,0,128
cyan=0,255,255
screen.fill(white)                    # 用白色填充屏幕
# 在屏幕上部画调色板，这里增加了几种颜色方块
pygame.draw.rect(screen,white,(0,0,50,50),0)
pygame.draw.rect(screen,red,(50,0,50,50),0)
pygame.draw.rect(screen,green,(100,0,50,50),0)
pygame.draw.rect(screen,yellow,(150,0,50,50),0)
pygame.draw.rect (screen,blue,(200,0,50,50),0)
pygame.draw.rect(screen,purple,(250,0,50,50),0)
pygame.draw.rect(screen,cyan,(300,0,50,50),0)
pygame.draw.rect(screen,black,(350,0,50,50),0)
color=black                           # 默认的画笔颜色
```

```
    while UnFinished:
        for event in pygame.event.get():
            if event.type==pygame.QUIT:
                UnFinished=False
            elif event.type== pygame.MOUSEBUTTONDOWN:
                mousedown=True
            elif event.type== pygame.MOUSEBUTTONUP:
                mousedown=False
        if mousedown:
            spot=pygame.mouse.get_pos()

            if spot[0]<=50 and spot[1]<=50:
                color = white
            elif spot[0]<=100 and spot[1]<=50:
                color = red
            elif spot[0]<=150 and spot[1]<=50:
                color = green
            elif spot[0]<=200 and spot[1]<=50:
                color = yellow
            elif spot[0]<=250 and spot[1]<=50:
                color = blue
            elif spot[0]<=300 and spot[1]<=50:
                color = purple
            elif spot[0]<=350 and spot[1]<=50:
                color = cyan
            elif spot[0]<=400 and spot[1]<=50:
                color = black
            if spot[1]>=75:      # 仅当 y 坐标在 75 像素以下时，才画线条
                pygame.draw.circle(screen,color,spot, radius)
        pygame.display.update()
pygame.quit()
```

程序运行效果如图 9-8 所示。

第 9 课　调色板

图 9-8　防止调色板被覆盖之后的绘画效果

五、关于练习

（1）请在上面的调色板上增加两种颜色。
（2）增加颜色关键的一步是知晓颜色的 RGB 值，可以借助画图、Word 等软件中的填充工具来获得颜色值。

六、本课相关资料介绍

1. 屏幕坐标

我们的计算机屏幕是由一个个像素点组成的，所以我们设置窗口长、宽时一般都是设置的多少个像素，像素坐标用的是笛卡儿坐标系统，即原点在左上方，然后向下为 y，向右为 x。

笛卡儿坐标系就是直角坐标系和斜角坐标系的统称。相交于原点的两条数轴，构成了平面放射坐标系。如两条数轴上的度量单位相等，则称此放射坐标系为笛卡儿坐标系。两条数轴互相垂直的笛卡儿坐标系，称为笛卡儿直角坐标系，否则称为笛卡儿斜角坐标系。

2. 元组

（1）元组运算符，与字符串一样，元组之间也可以使用"+"号和"*"

号进行运算。这样元组就可以组合和复制，运算后会生成一个新的元组，如表 9-1 所示。

表 9-1　新的元组数据表

表 达 式	结　　果	描　　述
len((1, 2, 3))	3	计算元素个数
(1, 3, 5) + (7, 9)	(1, 3, 5, 7, 9)	连接
('py',) * 4	('py','py','py','py')	复制
3 in (1, 2, 3)	True	元素是否存在

（2）元组内置函数，元组也包含了一些内置函数，如表 9-2 所示。

表 9-2　元组内置函数

方　　法	描　　述
cmp(tuple1, tuple2)	比较两个元组元素
len(tuple)	计算元组元素个数
max(tuple)	返回元组中元素最大值
min(tuple)	返回元组中元素最小值
tuple(seq)	将列表转换为元组

第10课 弹球

一、教学目标和教学要求

（1）了解动画制作的原理，掌握制作动画的方法。
（2）了解 time 库的作用，掌握调用 time 库的方法。
（3）了解 mixer 模块的作用，掌握启动 mixer 模块的方法。
（4）学会使用 sleep、init、Sound 等命令。
（5）了解声音通道的概念，掌握调用方法。

二、教材内容分析

本课共分为3部分，用两个课时进行教学。
第一课时：
第1部分：了解动画的原理，编写小球移动程序。
第2部分：添加小球飞行的音效。
第二课时：
第3部分：小球碰到边缘反弹，并添加碰撞音效。
教学过程分析：
第1部分，了解动画的制作原理，编写小球飞行的动画程序。首先将小球显示0.02秒，进行延迟（延迟显示多长时间可以使用time库的sleep命令来完成），然后进行清除，清除后在下一个位置继续将小球显示0.02秒，重复过程就形成了一个小球飞行的动画效果。

第2部分，给小球添加飞行的音效。在pygame中有一个处理声音的模块，名叫mixer，其含义为"混音器"。可以使用mixer模块中的Sound命令播放声音文件。

第3部分，继续优化程序，当小球碰到屏幕边缘后反弹，并发出碰撞声音，这里分成如下3个小的任务。

（1）碰撞检测，检测小球是否与屏幕边缘发生了碰撞，可通过对小球的坐标与屏幕坐标进行比较来判定它们的位置关系，进而得知它们是否发生了碰撞。

（2）反弹，当发生碰撞时进行反弹，将小球的行进方向进行反转，这样小球就会向相反的方向移动。

（3）碰撞声，添加碰撞的音效，这时程序中就需要同时播放两种声音，mixer模块是支持同时播放多种声音的，但是需要添加多个声音通道，一个声音通道只能播放一种声音。

三、教学重点和难点

教学重点：
（1）了解动画制作的原理，掌握制作动画的方法。
（2）了解mixer库的作用，学会使用Sound命令播放声音文件。
教学难点：
通过对小球坐标、屏幕边缘坐标比较来判定是否发生碰撞。

四、教学建议

1. 关于教学内容

教材首先提出了一个主题"做动画"。动画内容是"小球在屏幕内无规则的飞行，碰到屏幕边缘就反弹"，如图10-1所示。

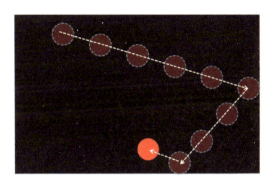

图 10-1 分析小球运动规律

首先，分析小球运动规律，小球从屏幕左上角发射出来，飞向屏幕右下角（实际上能看到小球在飞，是因为我们人类眼睛的"视觉暂留"特性）。物体在快速运动时，当人眼所看到的影像消失后，人眼仍能继续保留其影像 0.1~0.4 秒。利用这一原理，在一幅画还没有消失前播放出下一幅画，会给人造成一种流畅的视觉变化效果。

其次，设计小球飞行的动画程序的具体步骤。根据小球运动变化的规律，实现小球动画程序可以分为以下三个步骤。

（1）在新的位置上绘制新的小球。

（2）考虑等待时间。

（3）在旧的位置擦除旧的小球。

不断重复以上三个步骤可以实现小球飞行的动画效果，具体程序代码如下。

```
import pygame,time
pygame.init()
screen=pygame.display.set_mode((600,500))
pygame.display.set_caption(" 弹球游戏 ")
red=255,0,0
black=0,0,0
x=0                                    # 小球 x 坐标
y=0                                    # 小球 y 坐标
dx=2                                   # 小球每次横向移动距离
dy=1                                   # 小球每次纵向移动距离
```

```
        radius=10                               # 绘制小球的半径
        KeepGoing=True                          # 是否退出的标志
        while KeepGoing:
            for event in pygame.event.get():    # 检查是否要退出
                if event.type in (pygame.QUIT, pygame.KEYDOWN):
                    KeepGoing=False
            x+=dx
            y+=dy
            pygame.draw.circle(screen,red,(x,y),radius)    # 画一个红色小球
            pygame.display.update()             # 刷新一下，让红球显示出来
            time.sleep(0.02)                    # 等待 0.02 秒
            pygame.draw.circle(screen,black,(x,y),radius)
                                                # 再在同样位置画黑球盖住红球
            pygame.display.update()             # 刷新一下，让黑球显示出来
        pygame.quit()
```

以下就是实现小球飞行动画的关键步骤的代码。

```
        x+=dx
        y+=dy
        pygame.draw.circle(screen,red,(x,y),radius)    # 画一个红色小球
        pygame.display.update()             # 刷新一下，让红球显示出来
        time.sleep(0.02)                    # 等待 0.02 秒
        pygame.draw.circle(screen,black,(x,y),radius)
                                            # 再在同样位置画黑球盖住红球
        pygame.display.update()             # 刷新一下，让黑球显示出来
```

其中代码：x+=dx、y+=dy 的作用是使小球的 x 坐标增加 2，y 坐标增加 1。"+="称为加法赋值运算符，x+=dx 等效于 x=x+dx。

在新位置画出红色小球后需等待 0.02 秒再执行擦除上一个位置小球的代码，这里设置等待时间的作用是控制小球飞行的速度。

需要用到 time 库的 sleep 命令，sleep 命令的使用方法是：time.sleep(time)，参数 time 为等待的时间，也可以理解为推迟执行下一行代码的时间。

把上一位置的小球擦掉,这个"擦掉"不是像用橡皮擦掉纸上的铅笔印记一样,这里的擦掉是使用了一种变通的方法,使用背景色再绘制一个小球将原来的小球覆盖掉,就实现了擦掉的效果。

需要注意的是每绘制完一个小球都要使用代码:pygame.display.update() 刷新屏幕让小球显示出来。

在第 2 部分中给飞行的小球添加音效,pygame 有一个可以处理声音的模块名为 pygame.mixer,mixer 是混音器的意思,一般会用到以下几个命令。

```
pygame.mixer.init()              # 初始化混音器
s=pygame.mixer.Sound(" 文件名 .wav")
                                 # 指定声音文件,创建一个播放对象
s.play()                         # 使 s 这个声音对象开始播放
s.stop()                         # 使 s 这个声音对象停止播放
```

代码 pygame.mixer.init() 的作用是初始化 mixer,mixer 在使用前必须要进行初始化。

代码 pygame.mixer.Sound(" 文件名 .wav") 的作用是使用 Sound 命令播放指定的声音文件,需要注意括号里的声音文件必须和程序在同一个文件夹中。如果声音文件没有和程序在同一个文件夹中,就必须将声音文件的路径告诉 Python,这样才能播放出声音。例如:

pygame.mixer.Sound("D:\work\music\ 文件名 .wav")

添加音效后的程序代码如下。

```
import pygame,time
pygame.init()
pygame.mixer.init()
width=600
height=500
screen=pygame.display.set_mode((width,height))
pygame.display.set_caption(" 弹球游戏 ")
red=255,0,0
```

```
black=0,0,0
x=10
y=10
dx=2
dy=1
radius=10
KeepGoing=True
s=pygame.mixer.Sound("fly.wav")
s.play()                                    #播放声音
while KeepGoing:
    for event in pygame.event.get():
        if event.type in(pygame.QUIT, pygame.KEYDOWN):
            KeepGoing=False
    x+=dx
    y+=dy
    pygame.draw.circle(screen,red,(x,y),radius)
    pygame.display.update()
    time.sleep(0.02)
    pygame.draw.circle(screen,black,(x,y),radius)
    pygame.display.update()
pygame.quit()
```

在第 3 部分中对上面弹球程序进行改进，使小球碰到屏幕边缘时反弹，这里的反弹其实是当小球到达屏幕边缘时，改变其移动的方向，看上去好像从屏幕边界弹跳开。

这部分要关注以下两点。

（1）如何判定小球碰到屏幕边缘。

（2）怎样改变小球移动方向。

在教学过程中，教师要充分挖掘学生的自学能力、探究能力、知识迁移能力，可以让学生动手在纸上画一画、讨论分析小球坐标与屏幕边缘的关系，使学生充分理解判断小球到达边缘的条件，以及修改增量为负值可以改变小球的移动方向，具体内容如图 10-2 所示。

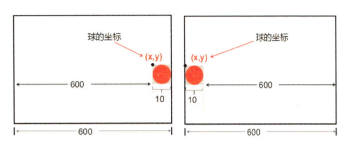

图 10-2 改变小球的移动方向

如果小球在水平方向到达最右边，小球的 x 坐标大于等于屏幕宽度减去小球直径，就说明碰到了右边缘；如果小球在水平方向到达最左边，小球的 x 坐标小于等于 0，就说明碰到了左边缘。当碰到边缘时需要反弹，只需改变 dx 的符号（由正变负，由负变正）使方向反转。y 轴方向的处理方式同理，就像以下这样。

```
if x>width-2*radius or x<=0:
    dx=-dx
if y>height-2*radius or y<=0:
    dy=-dy
```

当球碰到屏幕边缘时发出一种碰撞的声音，这个碰撞声与小球飞行的声音是不一样的。使用 mixer 支持同时播放多个声音，但是一个声道只能播放一种声音，要想同时播放另一种声音就需要使用 pygame.mixer.find_channel() 寻找一个未被使用的声道来播放声音，具体使用方法如下。

```
c=pygame.mixer.find_channel(True)    # 寻找播放声音的通道
c.play(s)                            # 用找到的通道 c 播放 s 声音
```

完整的程序代码如下。

```
import pygame,time
pygame.init()
pygame.mixer.init()
width=600
height=500
```

```
screen=pygame.display.set_mode((width,height))
pygame.display.set_caption(" 弹球游戏 ")
red=255,0,0
black=0,0,0
x=10
y=10
dx=2
dy=1
radius=10
KeepGoing=True
audio_clip1=pygame.mixer.Sound("fly.wav")
    # fly.wav 文件已经在第 1 课第 2 节中解压在 PythonStudy 目录下
channel1=pygame.mixer.find_channel(True)        # 第一个播放声音的通道
channel1.play(audio_clip1)                      # 直接播放球飞行的声音
audio_clip2=pygame.mixer.Sound("pong.wav")      # 第二个播放声音的通道
        # pong.wav 文件已经在第 1 课第 2 节中解压在 PythonStudy 目录下

channel2=pygame.mixer.find_channel(True)        # 碰撞声音暂时不播放

while KeepGoing:
    for event in pygame.event.get():
        if event.type in (pygame.QUIT, pygame.KEYDOWN):
            KeepGoing=False
    if x>width-2*radius or x<radius:            # 如果球在水平方向到达边框
        dx=-dx
        channel2.play(audio_clip2)              # 播放球碰撞的声音
        channel1.play(audio_clip1)              # 重新播放球飞行的声音
    if y>height-2*radius or y<radius:           # 如果球在垂直方向到达边框
        dy=-dy
        channel2.play(audio_clip2)
        channel1.play(audio_clip1)
    x+=dx
    y+=dy
    pygame.draw.circle(screen,red,(x,y),radius)
```

```
        pygame.display.update()
        time.sleep(0.02)
        pygame.draw.circle(screen,black,(x,y),radius)
        pygame.display.update()
pygame.quit()
```

2. 关于动画编程

在前面的软件学习中，已经学习了用PPT等软件制作动画。

为什么本课还要介绍利用编程实现动画的效果呢？教师可以启发引导学生思考这个问题。

关于PPT和Flash等软件制作动画是将图像或文件添加相应的动画命令就完成了简单的制作，这种动画制作比较简单，动画效果也比较简单，制作者不需要知道动画制作的原理，也就是说不知道制作的过程。而编写动画程序需要了解动画的基本原理，清楚动画的制作过程，还要分析动画的实现过程及相应的坐标定位等。

可以说，制作复杂的动画效果，如动画片和影视剧中的动画特效等，都需要编写程序。

五、关于练习

在上面的弹球动画中，请在屏幕中间画一条竖线，每当球经过竖线时，就换一种音效，在fly1.wav和fly2.wav之间切换，如图10-3所示。

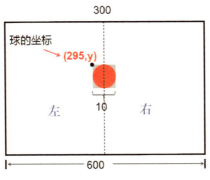

图10-3 小球切换后的效果

当小球处在屏幕中间时，屏幕中间竖线的 x 坐标为 x=300，小球的 x 坐标为竖线 x 坐标减去小球的半径，即 x=295。如果 x<295，说明小球经过了中线进入到了左边区域，播放声音 fly1.wav，如果 x>=295，小球经过了中线进入了右边区域，播放声音 fly1.wav，具体程序代码如下。

```
import pygame,time
pygame.init()
pygame.mixer.init()
width=600
height=500
screen=pygame.display.set_mode((width,height))
pygame.display.set_caption(" 弹球游戏 ")
red=255,0,0
black=0,0,0
x=10
y=10
dx=2
dy=1
radius=10
KeepGoing=True
audio_clip1=pygame.mixer.Sound("fly.wav")
channel1=pygame.mixer.find_channel(True)         # 飞行声音暂时不播放
audio_clip2=pygame.mixer.Sound("pong.wav")       # 播放声音的通道
channel2=pygame.mixer.find_channel(True)         # 碰撞声音暂时不播放
audio_clip3=pygame.mixer.Sound("fly1.wav")
channel3=pygame.mixer.find_channel(True)

while KeepGoing:
    for event in pygame.event.get():
        if event.type in (pygame.QUIT, pygame.KEYDOWN):
            KeepGoing=False
        if x<295:
```

```
            channel1.play(audio_clip1)          # 播放球飞行的声音
        if x>=295:
            channel3.play(audio_clip3)          # 播放球飞行的声音
        if x>width-2*radius or x<radius:        # 如果球 x 方向到达边框
            dx=-dx
            channel2.play(audio_clip2)          # 播放球碰撞的声音
        if y>height-2*radius or y<radius:       # 如果球 y 方向到达边框
            dy=-dy
            channel2.play(audio_clip2)
        x+=dx
        y+=dy
        pygame.draw.circle(screen,red,(x,y),radius)
        pygame.display.update()
        time.sleep(0.02)
        pygame.draw.circle(screen,black,(x,y),radius)
        pygame.display.update()
pygame.quit()
```

六、本课相关资料介绍

1. 动画原理

通过把人物的表情、动作、变化等分解后画成许多动作瞬间的画幅，再用摄影机连续拍摄成一系列画面，给视觉造成连续变化的图画。它的基本原理与电影、电视一样，都是"视觉暂留"原理。医学证明人类具有"视觉暂留"的特性，人的眼睛看到一幅画或一个物体后，在0.1~0.4 秒不会消失。利用这一原理，在一幅画还没有消失前播放下一幅画，就会给人造成一种流畅的视觉变化效果。

2. mixer 常用函数

◆ pygame.mixer.init() 是用来初始化 mixer 模块。

◆ pygame.mixer.quit() 是用来还原混音器。

- ◆ pygame.mixer.stop() 是用来结束所有通道上的播放。
- ◆ pygame.mixer.pause() 是用来暂停播放所有通道。
- ◆ pygame.mixer.unpause() 是用来恢复播放暂停的通道。
- ◆ pygame.mixer.fadeout() 是用来所有声音以淡出效果结束播放。
- ◆ pygame.mixer.set_num_channels() 是用来设置播放通道的总数。
- ◆ pygame.mixer.get_num_channels() 是用来获取播放通道的总数。
- ◆ pygame.mixer.find_channel() 是用来找到一个未使用的通道。

第 11 课 缤纷色彩

一、教学目标和教学要求

（1）学会使用 music 命令播放 mp3 格式音乐。
（2）使用 randint、颜色命令 RGB、rect 等命令，绘制颜色随机、坐标随机的矩形。
（3）理解函数的作用，掌握定义、调用函数的方法。

二、教材内容分析

本课分为两部分，用两个课时进行教学。
第一课时：
第 1 部分：程序运行时播放音乐，在屏幕上随机画彩色矩形。
第二课时：
第 2 部分：学习定义、调用函数的方法，编写调色板程序。
具体教学内容分析：
第 1 部分，首先学习 music 命令的使用，在程序运行时播放 mp3 格式的音乐。然后综合使用 randint、rect 和 RGB 颜色命令绘制颜色随机、坐标随机的矩形。

第 2 部分，在第 1 部分的程序中画出的矩形的颜色是随机的，不受我们控制，在第 2 部分中将学习函数的定义和调用，编写一个调色板程序。

三、教学重点和难点

教学重点：
（1）学会使用 music 命令播放 mp3 格式音乐。
（2）理解函数的作用，掌握定义、调用函数的方法。
教学难点：
理解函数的作用，掌握定义、调用函数的方法。

四、教学建议

1. 关于教学内容

（1）第 1 部分，与现代艺术相关的话题。

教材首先提出了一个问题，给程序添加背景音乐，在第 10 课中学习了一个处理声音的模块——mixer，mixer 可以处理常见的声音文件类型，不同类型的声音文件时间有长有短，所使用的命令也有所区别，具体如表 11-1 所示。

表 11-1　不同类型的声音文件

文件类型	文件后缀	特　　点	命　　令
波性文件	.wav	声音是音效或声音片段，声音较短	Sound
mp3 文件	.mp3	声音是音乐，声音较长	music
wma 文件	.wma		
ogg 文件	.ogg		

因为在程序中添加的是背景音乐，所以使用的是 mixer 中的 music 命令，使用方法如下。

```
pygame.mixer.music.load("dawn.mp3")
pygame.mixer.music.play()
```
声音文件名称

需要注意的是,声音文件需要和程序保存在同一个目录下,否则需要写出声音文件的位置,如下所示。

pygame.mixer.music.load("D:\work\music\dawn.mp3")

在程序开始时需要将 mixer 初始化,代码如下。

pygame.mixer.init()

在程序结束时,不希望音乐戛然而止,而是在 3 秒(3000 毫秒)内逐渐淡出,代码如下。

pygame.mixer.music.fadeout(3000)

程序中播放背景音乐部分具体代码如下。

```
import pygame, random, time
from sys import exit
pygame.init()
pygame.mixer.init()
pygame.display.set_caption(" 艺术空间 ")
screen=pygame.display.set_mode((1024,768))
screen.fill((0,0,0))
pygame.mixer.music.load("dawn.mp3")
pygame.mixer.music.play()
```

接下来要编写随机显示彩色矩形的代码,画矩形需要用到 draw 的 rect 命令,rect 命令的格式如下。

pygame.draw.rect(surface, color, Rect, width=0)

括号中参数的意义如下。

◆ surface:surface 是平面的意思,指绘制的图形在哪个平面呈现,对于当前的程序 surface 参数为 screen。

◆ color:color 参数是线条(或填充)的颜色,在 pygame 中,颜色是以 RGB 颜色值指定的。这种颜色由红色、绿色和蓝色三种颜色值组成,每个颜色值的取值范围都为 0~255。颜色值 (255, 0, 0) 表示红色、

(0, 255, 0) 表示绿色、(0, 0, 255) 表示蓝色。通过组合不同的 RGB 颜色值来表示丰富多彩的颜色。在当前程序中 R、G、B 三种颜色的值是随机产生的，因此会出现颜色随机的矩形。

具体程序代码如下。

R=random.randint(0,255)
G=random.randint(0,255)
B=random.randint(0,255)

◆ Rect：Rect 的形式是 (x, y, width, height)，表示的是所绘制矩形的区域，其中 x，y 表示的是矩形坐标，width 和 height 表示的是矩形的宽度和高度。在当前程序中 x、y、width、height 的值也是随机产生的，因此会出现位置、大小随机的矩形，具体代码如下。

x=random.randint(0,1024)
y=random.randint(0,768)
width=random.randint(0,250)
height=random.randint(0,200)

◆ width：width 表示线条的粗细，单位为像素；默认值为 0，表示填充矩形内部。

用 RGB 颜色在屏幕的 x、y 坐标画一个宽为 width、高为 height 的实心矩形的代码如下。

pygame.draw.rect(screen,(R,G,B),(x,y,width,height),0)

第 1 部分程序的完整代码如下。

import pygame, random, time
from sys import exit
pygame.init()
pygame.mixer.init()
pygame.display.set_caption(" 艺术空间 ")
screen=pygame.display.set_mode((1024,768))
screen.fill((0,0,0))
pygame.mixer.music.load("dawn.mp3")

第11课　缤纷色彩

```
pygame.mixer.music.play()
for i in range(300):
    for event in pygame.event.get():
        if event.type == pygame.QUIT:
            pygame.display.quit()
            pygame.mixer.music.fadeout(3000)
            exit()
    x=random.randint(0,1024)
    y=random.randint(0,768)
    width=random.randint(0,250)
    height=random.randint(0,200)
    R=random.randint(0,255)
    G=random.randint(0,255)
    B=random.randint(0,255)
    pygame.draw.rect(screen,(R,G,B),(x,y,width,height),0)
    pygame.display.flip()          #更新整个屏幕
    time.sleep(0.1)
pygame.quit()
```

上述程序运行效果如图11-1所示。

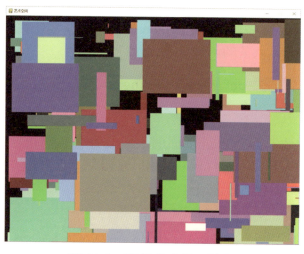

图11-1　现代艺术显示效果

（2）第 2 部分，锦上添花，色彩斑斓。

在第 1 部分的程序中画出的矩形的颜色是随机，在这部分的程序中将学习如何调制颜色，编写一个调色板程序。用鼠标拖曳红、绿、蓝颜色条上的白色标尺时，窗口下方就会显示混合出来的颜色，窗口标题条会显示三种颜色的值，程序效果如图 11-2 所示。

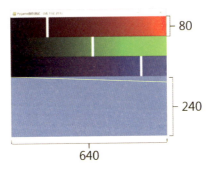

图 11-2　任意颜色的调色板

首先在程序窗口上方创建红、绿、蓝颜色条，在教材中通过自定义函数的方法来创建颜色条。在 Python 中除了内置的函数以外，还可以根据需要自定义函数。函数可以理解为完成某个工作的代码块，在教材中就是将创建红、绿、蓝颜色条的代码定义成了一个函数，在程序中需要使用颜色条时，就可以像拼积木一样直接使用。首先需要定义或创建一个函数，需要使用 Python 的 def 关键字。在教材中使用 def 定义了一个绘制颜色条的函数，使用如下。

冒号作用是告诉 Python 下面的代码是一个代码块，是函数的具体内容，以缩进的方式表示代码块，和 for 语句、if 语句一样。程序中定义颜色条函数的具体代码如下。

```
def create_scales(height):
    red_scale_surface = pygame.surface.Surface((640, height))
                            # 红色条，宽为 640 像素、高为 height
```

第 11 课　缤纷色彩

```
        green_scale_surface = pygame.surface.Surface((640, height))
                                # 绿色条，宽为 640 像素、高为 height
        blue_scale_surface = pygame.surface.Surface((640, height))
                                # 蓝色条，宽为 640 像素、高为 height
        for x in range(640):    # 横坐标 x 从 0 循环到 639
            c = int((x/639) * 255)
                                # 计算出相对于横坐标 x 的颜色值，颜色值为 0~255
            red = (c, 0, 0)         # 红色颜色条的值
            green = (0, c, 0)       # 绿色颜色条的值
            blue = (0, 0, c)        # 蓝色颜色条的值
            line_rect = pygame.Rect(x, 0, 1, height)
                # 在 (x,0) 位置上一个宽为 1 像素、高为 height 的实心矩形
            pygame.draw.rect(red_scale_surface, red, line_rect)
                        # 在红色条对象上以当前的红色值画 line_rect
            pygame.draw.rect(green_scale_surface, green, line_rect)
                        # 在绿色条对象上以当前的绿色值画 line_rect
            pygame.draw.rect(blue_scale_surface, blue, line_rect)
                        # 在蓝色条对象上以当前的蓝色值画 line_rect
        return red_scale_surface, green_scale_surface, blue_scale_surface
```

　　定义好的函数需要经过主程序调用才能发挥作用，在程序运行时如果不调用函数，程序会跳过 def 块中的代码，从 def 代码块外的第一行代码开始运行。因此要想在窗口中画出三种颜色条，就需要调用刚才定义的函数，调用函数的代码如下。

```
red_scale, green_scale, blue_scale = create_scales(80)
```

　　这样就创建了三个长 640 像素、高 80 像素的颜色条，但是此时三种颜色条还需要在屏幕上画出来才能看到。
　　程序完整的代码如下。

```
import pygame
from sys import exit
```

97

```python
pygame.init()
screen = pygame.display.set_mode([640, 480])
                                    #下面这个函数用于创建三种颜色条
def create_scales(height):
    red_scale_surface = pygame.surface.Surface((640, height))
                        #定义一个画图对象，宽为 640 像素、高为 height
    green_scale_surface = pygame.surface.Surface((640, height))
    blue_scale_surface = pygame.surface.Surface((640, height))

    for x in range(640):                #横坐标 x 从 0 循环到 639
        c = int((x/639) * 255)
                        #计算出相对于横坐标 x 的颜色值，颜色值范围为 0~255
        red = (c, 0, 0)                 #红色颜色条的值
        green = (0, c, 0)               #绿色颜色条的值
        blue = (0, 0, c)                #蓝色颜色条的值
        line_rect = pygame.Rect(x, 0, 1, height)
                        #在 (x,0) 的位置上的一个宽为
                        #1 像素、高为 height 的实心长方形
        pygame.draw.rect(red_scale_surface, red, line_rect)
                        #在红色条对象上以当前的红色值画 line_rect
        pygame.draw.rect(green_scale_surface, green, line_rect)
                        #在绿色条对象上以当前的绿色值画 line_rect
        pygame.draw.rect(blue_scale_surface, blue, line_rect)
                        #在蓝色条对象上以当前的蓝色值画 line_rect
    return red_scale_surface, green_scale_surface, blue_scale_surface
                        #函数返回画好的三种颜色条
red_scale, green_scale, blue_scale = create_scales(80)
                        #调用函数创建三个颜色条，高度为 80 像素

color = [0, 0, 0]           #这个列表记录红、绿、蓝的当前值
color_x = [0, 0, 0]   #这个列表记录三种颜色条的当前横坐标
```

```
mousedown=False          # 记录鼠标是否被按下
while True:
    for event in pygame.event.get():
        if event.type == pygame.QUIT:
            pygame.display.quit()
            exit()
        elif event.type== pygame.MOUSEBUTTONDOWN:
                                        # 鼠标被按下了
            mousedown=True
        elif event.type== pygame.MOUSEBUTTONUP:
                                        # 鼠标被松开了
            mousedown=False
    screen.blit(red_scale, (0, 0))
                        # 把 red_scale 对象画到主屏幕 (0,0) 位置上
    pygame.draw.rect(screen,[255,255,255],[color_x[0],0,10,80],0)
                        # 在屏幕的（color_x[0], 0）位置上画一个宽度
                        # 为 10 像素、高度为 80 像素的白色标尺
    screen.blit(green_scale, (0, 80))
                        # 把 green_scale 对象画到主屏幕 (0,80) 位置上
    pygame.draw.rect(screen,[255,255,255],[color_x[1],80,10,80],0)
                        # 在屏幕的（color_x[1],80）位置上画一个宽度
                        # 为 10 像素、高度为 80 像素的白色标尺
    screen.blit(blue_scale, (0, 160))
                        # 把 blue_scale 对象画到主屏幕 (0,160) 位置上
    pygame.draw.rect(screen,[255,255,255], [color_x[2],2*80,10,80],0)
                        # 在屏幕的（color_x[2], 2*80）位置上画一个宽
                        # 度为 10 像素、高度为 80 像素的白色标尺
    x, y = pygame.mouse.get_pos()          # 获取鼠标当前的位置
    if mousedown:                # 如果鼠标被按下
        if y<3*80:               # 如果鼠标落在颜色条的范围中
```

```
            color_index=y//80              #计算鼠标落在哪种颜色上
            color_x[color_index]=x          #这种颜色条的当前横坐标设为x
            color[color_index]=int((x/639)*255)
                                            #设置这种颜色条的当前颜色值
    pygame.display.set_caption("Pygame 颜色测试 –"+ str(tuple(color)))
                                            #设置标题条
    pygame.draw.rect(screen, tuple(color),(0,240,640, 480))
                                            #在窗口下方按照当前颜色组合值画长方形
    pygame.display.update()                 #刷新屏幕的显示
pygame.quit()
```

五、关于练习

请把这种调色板与第9课的画板相结合，使大家能够用任意颜色绘画。可以将结合后的程序界面做如下设置，如图11-3所示。

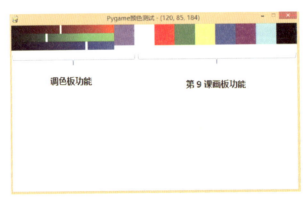

图 11-3　注意调色板与画板的结合

编写程序代码时，两个程序不是一个简单的拼接，这里需要注意以下几个问题。

（1）调色板的颜色条和画板色块的大小和坐标发生了变化，在程序代码中要进行相应的修改设置，具体参数如表11-2所示。

表 11-2 调色板与画板的具体参数

对象	坐标		大小	
	x	y	width	height
红色条	0	0	255	20
绿色条	0	20	255	20
蓝色条	0	40	255	20
调色块	255	0	50	50
white	305	0	50	50
red	355	0	50	50
green	405	0	50	50
yellow	455	0	50	50
blue	505	0	50	50
purple	555	0	50	50
cyan	605	0	50	50
black	655	0	50	50

（2）将调色板三种颜色的宽设置为 255 像素，好处是不用再单独计算当前横坐标所对应的颜色值，当调节颜色时，横坐标的值和颜色值是相等的。

（3）在原来的两个程序中都有一个名为 color 的变量，在第 9 课画板程序中，color 是用来存储所选取的颜色的，也就是当前画笔颜色，例如 color=red，画出来的就是红色的。在调色板程序中 color 是一个列表，初始值为 color = [0, 0, 0]，用来记录三种颜色的值，也就是第一个色块的颜色值，在两个程序中的作用是不一样的，在新的程序中要使用不一样的名称，例如将调色板中的存储颜色值的列表取名为 color1。

完整程序代码如下。

```
import pygame
from sys import exit
pygame.init()
screen = pygame.display.set_mode([705, 400])
pygame.display.set_caption(" 按住鼠标左键并拖动来画画 ")
radius=15                          # 笔触半径
```

```
mousedown=False
UnFinished=True

white=255,255,255
red=255,0,0
yellow=255,255,0
black=0,0,0
blue=0,0,255
green=0,128,0
purple=128,0,128
cyan=0,255,255
screen.fill(white)                              # 用白色填充屏幕
# 在屏幕上部画调色板，这里增加了几种颜色方块
pygame.draw.rect(screen,white,(305,0,50,50),0)
pygame.draw.rect(screen,red,(355,0,50,50),0)
pygame.draw.rect(screen,green,(405,0,50,50),0)
pygame.draw.rect(screen,yellow,(455,0,50,50),0)
pygame.draw.rect (screen,blue,(505,0,50,50),0)
pygame.draw.rect(screen,purple,(555,0,50,50),0)
pygame.draw.rect(screen,cyan,(605,0,50,50),0)
pygame.draw.rect(screen,black,(655,0,50,50),0)
color=black                                     # 默认的画笔颜色

def create_scales(height):
    red_scale_surface = pygame.surface.Surface((255, height))
    green_scale_surface = pygame.surface.Surface((255, height))
    blue_scale_surface = pygame.surface.Surface((255, height))

    for x in range(256):                        # 横坐标 x 从 0 循环到 255
        red = (x, 0, 0)                         # 红色颜色条的值
        green = (0, x, 0)                       # 绿色颜色条的值
        blue = (0, 0, x)                        # 蓝色颜色条的值
        line_rect = pygame.Rect(x, 0, 1, height)
        # 在 (x,0) 位置上的一个宽为 1 像素、高为 height 的实心矩形。
```

第11课　缤纷色彩

```
            pygame.draw.rect(red_scale_surface, red, line_rect)
                        # 在红色条对象上以当前的红色值画 line_rect
            pygame.draw.rect(green_scale_surface, green, line_rect)
                        # 在绿色条对象上以当前的绿色值画 line_rect
            pygame.draw.rect(blue_scale_surface, blue, line_rect)
                        # 在蓝色条对象上以当前的蓝色值画 line_rect
    return red_scale_surface, green_scale_surface, blue_scale_surface
                        # 函数返回画好的三种颜色条
red_scale, green_scale, blue_scale = create_scales(20)

color1 = [0, 0, 0]          # 这个列表记录红、绿、蓝的当前值
color_x = [0, 0, 0]         # 这个列表记录三种颜色条的当前横坐标

while UnFinished:
    for event in pygame.event.get():
        if event.type==pygame.QUIT:
            UnFinished=False
        elif event.type== pygame.MOUSEBUTTONDOWN:
            mousedown=True
        elif event.type== pygame.MOUSEBUTTONUP:
            mousedown=False
    screen.blit(red_scale, (0, 0))

    pygame.draw.rect(screen,[255,255,255],[color_x[0],0,5,20],0)
    screen.blit(green_scale, (0, 20))
    pygame.draw.rect(screen,[255,255,255],[color_x[1],20,5,20],0)
    screen.blit(blue_scale, (0, 40))
    pygame.draw.rect(screen,[255,255,255], [color_x[2],2*20,5,20],0)
    if mousedown:
        spot=pygame.mouse.get_pos()
        if spot[0]<=255 and spot[1]<3*20:  # 如果鼠标落在颜色条的范围中
            color_index=spot[1]//20         # 计算鼠标落在哪种颜色上
            color_x[color_index]=spot[0]    # 这种颜色条的当前横坐标设为 x
            color1[color_index]=spot[0]     # 记录调出颜色的颜色值
```

103

```
        elif spot[0]<=305 and spot[0]>255 and spot[1]<=50:
            color=color1
        elif spot[0]<=355 and spot[1]<=50:
            color = white
        elif spot[0]<=405 and spot[1]<=50:
            color = red
        elif spot[0]<=455 and spot[1]<=50:
            color = green
        elif spot[0]<=505 and spot[1]<=50:
            color = yellow
        elif spot[0]<=555 and spot[1]<=50:
            color = blue
        elif spot[0]<=605 and spot[1]<=50:
            color = purple
        elif spot[0]<=655 and spot[1]<=50:
            color = cyan
        elif spot[0]<=705 and spot[1]<=50:
            color = black
        if spot[1]>=75:                    #仅当Y坐标在75像素以下时,才画线条
            pygame.draw.circle(screen,color,spot, radius)
    pygame.display.set_caption("Pygame 颜色测试 – " + str(tuple(color1)))
    pygame.draw.rect(screen,tuple(color1),(255,0,50, 50))
    pygame.display.update()
pygame.quit()
```

第12课 大数据

一、教学目标和教学要求

（1）了解大数据的概念。
（2）了解Python程序获取、分析、表达数据的原理。
（3）了解Python语言常用外接程序库的作用和安装方法。
（4）体验编写、调试代码从互联网上获取、分析和展现大数据。

二、教材内容分析

本课共分为7个部分，应分为3个课时教学。

第一课时：

第1部分：了解大数据的概念，知道大数据日益深刻地影响着人类的生活。

第2部分：了解Python语言可以通过外接程序库来获取搜索引擎上的网页内容，了解安装外接程序库的方法和过程。

第3部分：体验编写和调试程序分析数据，体验编写和调试从搜索引擎上获取网页标题。

第二课时：

第4部分：了解计算机程序分析数据的原理，即收集数据、训练数据形成模型，使用模型来判断新数据这一过程。

第 5 部分：利用 scikit-learn 机器学习程序库，体验编写能够判断水果种类的程序和三好学生评价表程序。

第三课时：

第 6 部分：了解运用各种图表表达数据的方法，知道什么是可视化大数据。

第 7 部分：体验导入数据文件，编写立体可视化的热力图表达数据的过程。

具体教学内容分析：

第 1 部分，教师引导学生了解什么是大数据以及与大数据相关的一些基本知识和基本概念，激发学生的学习兴趣，组织学生讨论大数据对我们的生活有哪些影响。

第 2 部分，学生通过阅读教材、了解 Python 安装外接程序库的方法，了解 Python 爬虫程序库的安装过程，了解爬虫程序捕捉库的工作原理。

第 3 部分，教师展示样例程序，根据学生能力，指导学生仿照样例、创作编写或复制粘贴样例程序代码，阅读注释语句来理解每句代码的含义。输入关键字，对程序进行测试，根据运行结果对代码进行调整，完成程序的优化。

第 4 部分，以"认识水果卡片"游戏导入新课，理解将具体水果转变成数据模型的过程。

第 5 部分，教师展示安装 scikit-learn 机器学习程序库，并说明该程序库的作用。根据学生能力，指导学生仿照样例编写或复制粘贴样例程序代码，阅读注释语句来理解代码，以及对程序进行测试，根据运行结果对代码进行调整，完成程序，理解运行程序结果。

第 6 部分，展示多种可视化数据的方式（如热力图），使学生认识到使用图形表示数据可以更直观地看到数据的变化和数据间的关系，在信息化社会，可视化数据正在日益深刻地影响着我们的生活。

第 7 部分，展示数据文件 heatmap.txt，讲解该文件中坐标的意义。理解在编写 Python 程序时，需要将相应的文件保存在相应文件夹中，理解绝对路径和相对路径的区别。指导学生观察样例程序，尝试通过复制粘贴的方法编写热力图样例程序。

第12课 大数据

三、教学重点和难点

教学重点：
（1）了解爬虫程序库获取网页内容的方法。
（2）了解建立数据模型的方法。
（3）了解机器学习数据库的作用，完成编写筛选水果的程序。
（4）了解用热力图表示数据状态的方法。
（5）了解 heatmap 程序库的作用，完成编写描绘热力图程序。

教学难点：
了解给事物建立数据模型的方法。能尝试编写获取数据、分析数据和表达数据的程序。

四、教学建议

（1）在教材中首先给出大数据的定义和获取大数据的途径是人们每时每刻在互联网上的活动生产了大数据。教师可以利用生动有趣的科普视频配合教材的讲解。根据学生年龄特点，通过各种生动有趣的动画、视频加强学生的理解，渗透保护个人数据等现代信息安全意识。

本课建议播放"科普中国"发布的《大数据究竟是什么》科普节目，可从腾讯视频下载。

（2）关于利用 pip 安装相应的程序库。通过直观感性的了解大数据从而提示学生，计算机程序可以挖掘获取互联网上的数据，在 Python 中安装爬虫程序库，利用爬虫程序库中的命令来编写程序获取数据。

根据不同的计算机环境，安装爬虫库的方法略有不同，建议教师提前安装程序库，在上课时播放给学生。

◆ pip install requests 命令。

pip 程序库是一个管理安装 Python 外接程序库的管理程序库。在 Python 3 版本中自带这个库，安装 Python 3 时要注意选中这个 pip 复选项。

调用 pip 安装其他程序库时，首先要在 Windows 各版本中运行 cmd 命令，进入 dos 状态，在 dos 提示符下运行 cd 等路径命令，进入 Python 或 Python\scripts 所安装文件夹，再输入 pip install requests 命令安装，如图 12-1 所示。

图 12-1 输入 pip install requests 命令安装

本课应用来自 requests 程序库，将获取的数据用 UTF-8 的编码标准在运行中显示出来。

◆ pip install bs4 命令。

安装一个 bs4(beautifulSoup 4) 版本的程序库，从网页上抓取数据，安装方法与 requests 库相同。

安装完成后，关闭 dos 窗口，进入 python 编程环境，即可正常调用这两个程序库中的命令，教师给学生演示安装过程。

（3）关于编写获取搜索引擎前 10 页标题的程序。本课，程序范例为编写一个"从百度上获取搜索结果前 10 页的标题"涉及知识较多，学生理解困难，教师可根据学生能力，展示样例代码，学生仿照样例在 IDLE 中编写，运行调试，以体验为主。在编写过程中，教师引导学生阅读注释语句，尝试理解语句。对于前面学会的语句，教师要适时提示学生思考这个语句的作用。

```
import requests
    # 导入网页编码标准 UTF-8
from bs4 import beautifulSoup
```

导入bs4程序库获取网页上的内容

import re

　　# 导入匹配相应字符的程序库

import json

　　# 导入数据交换格式的程序库

titles=[]　　　　　　　　　　　　　　　　# 获取到的网页标题

key=input(" 请输入一个关键词：")

for i in range(10):　　　　　　　　　　　# 获取1~10页内容

　　url='http://www.baidu.com/s?wd='+ key + '&pn='+str(i*10)

　　res = requests.get(url)　　　　　　　# 获取网址的返回内容到res变量中

　　res.encoding ='UTF-8'

　　　　　　　　　　　　　　　　# 对返回的内容使用标准的UTF-8编码

　　soup = BeautifulSoup(res.text,'html.parser')

　　　　　　　　# 使用html.parser剖析器来解释res的文本，结果放入soup中

　　for div in soup.find_all('div',{'datat-ools':re.compile('title')}):

　　　　　　　　　　# 在soup中寻找指定的标签组合

　　　　　　　　　　# 百度搜索结果的标题都嵌在 <div> 和 </div> 中间

　　　　　　　　　　# 而且以这样的形式出现：data-tools="{title:'

　　　　　　　　　　# 云计算 _ 百度百科 ',url:'http://baike...'}"

　　　　data=div.attrs['data-tools']　　# 取得 'data-tools' 属性的数据data

　　　　d=json.loads(data)　　# 以JSON格式导入数据到d中

　　　　titles.append(d['title'])　　　　　　# 把数据的 'title' 部分加入 titles 中

for i in titles:　　　　　　　　　　　　# 打印所有的titles

　　print(i)

（4）了解给事物建立数据模型的过程。指导学生阅读教材，了解

教材给水果分类的原理。按水果的重量、表皮的材质数据给水果建立模型，计算机在学习这个模型后就可以根据不同数据来判断水果的种类。引导学生讨论"你还可以给哪些事物建立数据模型？"扩展学生思路。

（5）安装 scikit-learn 机器学习程序库了解其作用。scikit-learn 机器学习程序库的作用是通过收集数据，对数据进行分类计算，建立数据规则，并用该规则对新的数据进行归类分析。数据收集的越多，通过算法建立的规则越科学合理。运用前面 pip 安装方法安装 scikit-learn，介绍能够学习数据模型的 Python 机器学习程序库。安装库仅仅作为了解内容。

（6）编写辨别水果种类的程序。该程序运用了已学过的列表知识，包含数字、字符串不同的数据类型，用中括号括起来用逗号隔开，列表中的每个元素都分配一个数字作为它的位置索引，第一个索引是0，第二个索引是1，以此类推。

列表是 Python 中非常重要的一种数据类型，列表中的元素可以是数值也可以是字符，这些列表中的元素用中括号括起来用逗号相隔，如下所示。

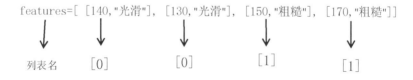

完整的程序代码如下。

```
from sklearn import tree
# 从 sklearn 中导入决策树分析模型
features=[[140,1],[130,1],[150,0],[170,0]]
# 用列表训练数据的属性数据
labels=[0,0,1,1]
# 用列表训练数据的标签数据
clf=tree.DecisionTreeClassifier()
# 决策树分析模型命令
clf=clf.fit(features,labels)
```

\# 用已有数据训练模型
print (clf.predict([[150,0]]))
\# 判断150克重、粗糙的水果是苹果还是橙子

上述结果输出结果是：[1]，也就是橙子

（7）练习：三好学生评价表。

练习程序中用1表示三好学生，用0表示非三好生，输入多个学生的各单元考试成绩作为参考数据，通过输入被预测学生的数据来判断学生是否是三好学生。激发学生对人工智能学的兴趣，机器学习库的算法较为复杂，学生理解困难，样例程序仅作为体验内容。

（8）了解用热力图来表达数据。本课运用heatmap和pillow两个热力图程序库，绘制坐标热力图，了解用热力图图像表达数据的方法，扩展表达事物的方式，提高学生学习程序的兴趣。

安装heatmap热力图程序库，安装方法与前面程序库安装方法相同。heatmap可以用颜色变化来反映二维矩阵或表格中的数据信息，用数据值的大小定义颜色深浅，根据需要将数据进行聚类。除教材所示热力图外，还可以向学生展示一下热力图，说明热力图在各行业领域的广泛应用。heatmap的安装过程学生仅了解不做操作要求。

足球运动员射门成功位置热力图，如图12-2所示。

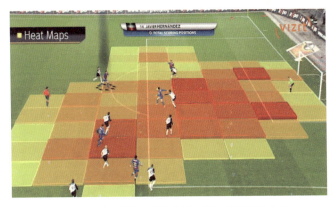

图12-2　足球运动员射门成功位置热力图

安装pillow程序库，安装方法与前面安装程序库方法一致。pillow主要用来调整图像大小、格式转化、旋转、增强，它是Python最常用

的程序库之一，学生可观看教师演示即可。

（9）关于用坐标点绘制热力图的程序。本课，需要将写有点坐标的 txt 文件提前复制到 Python 安装文件夹中。

代码含义如下。

```
import pyheatmap                              # 导入热力图库程序库
from pyheatmap.heatmap import HeatMap   # 导入热力图生成命令
with open('heatmap.txt','r') as file:    # 打开 heatmap.txt 文件用于读数据
    s = file.read()                      # 从文件中读坐标数据到 s 中
sdata = s.split("\n")   # s 用回车符 "\n" 作为分隔符进行分割保存到 sdata 中
data = []                                # 用来加载数据文件中位置数据
for line in sdata:                       # 遍历 sdata 中的每一行
    a = line.split(",")                  # 把当前行用 "," 作为分隔符进行分割
    if len(a) != 2:                      # 如果在本行中的字符串不是两个则跳过去
        continue
    a[0] = int(a[0])                     # 把 a 中的两个字符串转换成两个十进制整数
    a[1]= int(a[1])
    data.append(a)                       # 把 a 添加到 data[] 中
hm = HeatMap(data)                       # 把 data 中数据传递给 HeatMap
hm.clickmap(save_as="hit.png")
                # 生成点击图，保存为 "hit.png" 到 Python 文件夹中
hm.heatmap(save_as="heat.png")   # 生成热力图，保存为 "heat.png"
```

完成程序后，打开 Python 文件夹，打开 heat 文件，就可以看到图像了。也可以指导学生打开 heatmap.txt 文件，修改坐标数据，形成新的热力图。

第 13 课　人工智能

一、教学目标和教学要求

（1）了解人工智能的概念。
（2）了解人工智能对人类社会的影响。
（3）了解在 Python 语言中的 scikit 和 dlib 程序库的作用及安装方法。
（4）体验编写调试人脸识别程序和人工智能聊天程序。

二、教材内容分析

本课分为 5 部分，用两个课时进行教学。
第一课时：
第 1 部分：了解人工智能的概念及人工智能对人类社会的影响。
第 2 部分：了解在 Python 语言中 scikit-image 和 dlib 程序库的作用和安装方法。
第 3 部分：体验编写和调试编写人脸识别程序。
第二课时：
第 4 部分：了解图灵测验，体验在图灵机器人网站上申请账号。

第5部分：体验编写调试（图灵）人工智能聊天程序。

具体教学内容分析：

第1部分，教师通过多种方法，引导学生了解人工智能概念，以及了解人工智能对人类生活的深远影响。

第2部分，学生第一次接触两个程序库，教师可以通过课件演示、微课或者视频方法，引导学生了解scikit-image和dlib程序库可以识别图像中的人脸，以及了解人脸识别的基本原理。

第3部分，通过动手实践，体验编写和调试人脸识别程序。

第4部分，关于图灵相关理论知识的学习，可作为拓展学生视野，了解图灵以及从图灵机器人网站中如何导入聊天程序库。

第5部分，教师展示样例程序，根据学生能力，可以引导学生仿照样例编写简单的程序代码、阅读注释语句来理解代码，以及对程序进行测试，根据运行结果对代码进行调整，完成图灵机器人聊天程序。

三、教学重点和难点

教学重点：

（1）了解人工智能概念以及人工智能对人类社会的重要影响。

（2）了解人脸识别的基本原理。

（3）掌握在Python程序中的两个程序库（scikit-image和dlib）的作用。

（4）体验编写调试人脸识别程序和人工智能（图灵机器人）聊天程序。

教学难点：

了解识别人脸的基本原理，编写和调试人脸识别程序。

四、教学建议

1. 关于教学内容

（1）关于人工智能相关概念，教师可以通过微课、课件、视频案例以及自学等方式，帮助学生了解人工智能概念。

（2）关于安装 scikit-image 和 dlib 程序库。关于这部分教学内容，作为对学生知识视野拓展的补充，可以让学生了解、仿写即可。

scikit-image 程序库的作用是导入和处理图片格式，它和 numpy 程序库及前面用过的 scikit-learn 都属于 scipy 成员，在安装过程中，先要在 cmd 命令提示符中输入 python -m pip install --upgrade pip 更新 pip 到最新版本，如图 13-1 所示。

```
D:\python\Scripts>python -m pip install --upgrade pip
Collecting pip
  Using cached https://files.pythonhosted.org/packages/5f/25/e52d3f31441505a5f3af41213346e5b6c221c9e086a166f3703d2ddaf94
0/pip-18.0-py2.py3-none-any.whl
Installing collected packages: pip
  Found existing installation: pip 10.0.1
    Uninstalling pip-10.0.1:
      Successfully uninstalled pip-10.0.1
Successfully installed pip-18.0
```

图 13-1　更新 pip 到最新版本

然后输入 pip install scikit-learn 命令安装。如在运行中报错，需同时安装 numpy 和 scipy 完整程序库。

dlib 是一个能够实现人工智能的工具包，包含机器学习算法和工具，用于创建复杂的软件来解决实际问题，广泛用于机器人技术，其中包括自带的面部识别模块 face_recognition。在 Windows 环境中，在安装 dlib 程序包前，需要使用辅助工具安装 cmake 等程序包，同时安装 C++ 编译器。

安装完成后，关闭 dos 窗口，进入 Python 编程环境，即可正常调用这两个程序库中的命令。

建议教师可向学生演示安装和编写人脸识别程序，学生体验、观察程序，对编写和调试不作要求。

（3）关于编写读取人脸识别的程序。学生讨论“在生活中哪些领域使用了人脸识别？人脸识别技术对我们的生活有什么影响？”

教师讲解并演示 dlib 程序库自带的正面人脸识别模块的原理。

首先读入 frontal_face_detector 模块，该模块对需要识别的照片中的人脸进行数字化，数字化过程是按照人脸的不同部位分区进行的，如图 13-2 所示。

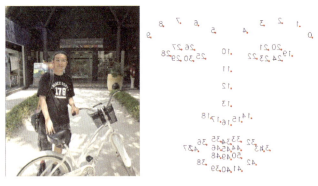

图 13-2 识别在照片中的人脸不同部位

教师运行识别出人脸的程序如下。

```
import dlib
from skimage import io
# 使用正面人脸检测器
detector = dlib.get_frontal_face_detector()
# 读入要检测的人脸图片
img = io.imread("test1.jpg")
#test1.jpg 是要测试人脸的照片文件，请把它放到本程序的目录里

# 生成图像窗口
win = dlib.image_window()
# 显示要检测的图像
win.set_image(img)
# 检测图像中的人脸
faces = detector(img, 1)
print(" 人脸数：", len(faces))
# 绘制矩阵轮廓
win.add_overlay(faces)
# 保持图像
dlib.hit_enter_to_continue()
```

可以识别出图 13-2 中的人脸，在进行多张人脸和卡通人脸识别时，需要提前将素材图片存入当前文件夹中，并在程序中修改文

件名。

教师运行"我能认识你"范例程序，讲解计算机先将已知的人脸特征（见图 13-2），存入变量中，然后读入未知的人脸，识别未知人脸特别，判断未知人脸特征与已知人脸特征相符，返回 True 值，不相符返回 False 值，打印出结果"相同"和"不同"。

然后读入存有照片的文件夹，读取照片文件进行比对后，识别结果依次显示，刘鹏 1~6 的照片比对返回值都是 True，外国人 .jpg 和张真 .jpg 两张都没有比对，返回值是 False。

具体代码如下。

```
pip install face_recognition          # 安装人脸检测器
```

然后输入下面的代码：

```
import os                             # 导入操作系统程序包
import face_recognition               # 导入人脸识别程序包

path =".\\known"                      # 指定需要读取我们已经知道的
                                      # 人脸文件的目录

files =os.listdir(path)               # 从该目录读取所有文件到 files 中
known_names = []                      # 已知的人名，最开始为空
known_faces = []                      # 已知的人脸，最开始为空
for file in files:                    # 从 files 中循环读取每个文件名
    filename = str(file)              # 得到当前文件的名字
    known_names.append(filename)      # 把当前文件名字加入人名清单里
    image=face_recognition.load_image_file(path+"\\"+filename)
                                      # 读入当前人脸图像
    encoding = face_recognition.face_encodings(image)[0]
         # 对当前人脸图像进行识别，将识别的特征保存在 encoding 中
    known_faces.append(encoding)
                         # 把当前人脸特征保存在已知人脸中
unknown_image = face_recognition.load_image_file(" 未知 1.jpg")
                         # 调入一张不知人名的人脸
unknown_encoding = face_recognition.face_encodings(unknown_image)[0]
                         # 识别这张人脸的特征
```

```
results = face_recognition.compare_faces(known_faces, unknown_
encoding,tolerance=0.5)          #将未知人脸与所有已知人脸进行比较
print(" 识别结果如下: ")
for i in range(len(known_names)):
                        # 显示未知人脸与每一张已知人脸的比较结果
    print(known_names[i]+":",end=" ")
                        #打印已知的人脸文件名，end=" " 表示不换行
    if results[i]:
        print(" 相同 ")     # 识别结果是 True，就显示相同
    else:
        print(" 不同 ")     #识别结果是 False，就显示不同
```

（4）了解图灵机器人理论和图灵机器人程序库。

观看"图灵测试"视频节目，了解图灵机器人理论，这部分内容可以通过微课、视频案例等方式,让学生了解即可,如图13-3所示。

图 13-3　图灵测试

（5）了解图灵机器人网，编写图灵机器人聊天程序。图灵机器人广泛应用在许多领域，微软的人工智能助手小冰和小娜也是图灵机器人。演示图灵机器人中文网，并演示申请图灵机器人账号及获取账号ID http://www.turingapi.com/#/platfrom，如图13-4、图13-5、图13-6所示。

第13课　人工智能

图13-4　互动聊天机器人

图13-5　输入窗口 　　　　　图13-6　对话窗口

在IDEL中编辑代码如下。

import requests　# 导入爬虫库
import json
import os

def talk(info):
　　key ='54f0203120404a60979f8966023311a8'
　　　　　　　　　　# 这里的key要替换上自己申请的账号
　　api='http://www.tuling123.com/openapi/api?key='+key+'&info='+info

```
res = requests.get(api)
dict_json = json.loads(res.text)
return(dict_json["text"])

while True:
    mine = input(' 我：')
    if mine ==' 再见 ':
        print(' 机器人：好了，我不和你聊了 ')
        break
    else:
        yours = talk(mine)
        print(' 机器人： '+yours)
```

2. 关于练习题的内容

在本课练习 13 中设计的练习是在鸡蛋上画笑脸识别人脸，也可以收集学生学籍照片，替换样例中的照片（或文件夹中的照片），然后学生自备一张自己的照片替换掉样例中的照片进行搜索比对，看程序能不能找到自己的照片。

说一说这样的程序可以应用到哪些地方。

3. 关于参考资料的内容

图灵测试

图灵测试（The Turing test）由艾伦·麦席森·图灵发明，指测试者与被测试者（一个人和一台机器）隔开的情况下，通过一些装置（如键盘）向被测试者随意提问。

进行多次测试后，如果有超过 30% 的测试者不能确定出被测试者是人还是机器，那么这台机器就通过了测试，并被认为具有人类智能。

图灵测试一词来源于计算机科学和密码学的先驱阿兰·麦席森·图灵写于 1950 年的一篇论文《计算机器与智能》，其中 30% 是图灵对 2000 年时的机器思考能力的一个预测。

目前，我们已远远落后于这个预测。